Secretos millonarios de Internet

"Lo que los millonarios de Internet saben que tú no sabes"

INDICE

COMENZAMOS....

La mentalidad de millonario es a menudo difícil de entender. La gente normal de entornos normales va a ser un gran éxito. ¿Qué los hace diferentes de aquellos que no hacen el corte o no logran sus metas, esperanzas y sueños para el futuro? Observe atentamente y las respuestas serán claras, lo que es más, sin aumentar su habilidad en una tarea en particular usted puede obtener mejores resultados que la norma, simplemente cambiando la forma en que los hace.

Exploremos la mentalidad millonaria del vendedor en línea específicamente sobre un número de temas, y veamos exactamente cómo esto le afecta a usted y a la forma en que está haciendo negocios de la manera más positiva.

Entendiendo la oportunidad (objetivos de sección)

• Para demostrar que para seguir adelante, si no lo has estado haciendo recientemente, algo tiene que cambiar.

• Para mostrarte que no importa lo idealista que suene, la oportunidad está en todas partes.

• Mostrar la necesidad de entender tales conceptos si ser exitoso en algo es algo que quieres ser.

• Establecer las bases e introducir el concepto de contactos comerciales para futuros informes.

• Para demostrarle que científicamente, las posibilidades de lograr lo que usted desea son posibles a través de contactos de negocios y para demostrar que este proceso está ocurriendo mientras hablamos.

• Para ayudar a explicar exactamente cómo usted está en completo control de su situación, ahora y en el futuro.

• Para mostrar cómo su situación puede cambiar en un instante, y cómo está a punto de hacer que eso suceda por sí mismo.

• Levantarte de la silla y crearte una oportunidad con el conocimiento de que te hará avanzar hacia tus metas de manera rápida y efectiva.

Para superar el miedo de no poder avanzar, o de estar demasiado lejos de tus objetivos, hacer que el trabajo para alcanzarlos parezca enorme, cuando en realidad, no es más que a unos pocos pasos de distancia.

Entendiendo la Oportunidad

Permítanme comenzar diciendo que este informe es totalmente imprevisto, viene directamente de mi cabeza, y por una buena razón. Mi objetivo aquí es dejarles saber un poco acerca de mis pensamientos personales relacionados con la oportunidad, cómo sé que esto es un hecho, cómo se presenta ante ustedes, cómo detectarlo y, lo que es más importante, cómo se relaciona con el marketing online y con ustedes como un éxito. Esta no es una forma de hacerlo paso a paso, pero ha sido tan importante como siempre para llevarme a donde estoy ahora, y es probable que haga lo mismo por ti si puedes mantener una mente abierta.

Oportunidades Perdidas. ¿Te suena familiar?

Seré honesto, no soy un gran fan de la idea de que el pensamiento positivo te lleve a donde quieres estar y ese tipo de cosas. Mi forma de pensar es más que eso: "No es lo que tú sabes, sino a quién conoces".

Antes de empezar a razonar, permítame hacerle una pregunta rápida. ¿Alguna vez te has despertado un día y te has dado cuenta de que perdiste una gran oportunidad la noche anterior? ¿Quizás fue una promoción, una oportunidad de conocer a alguien realmente interesante, o no participó en una actividad en la que desearías haber participado?

¿Qué tal una visión a más largo plazo? Digamos que te concentras en algo que ha sucedido en el pasado y que te gustaría haber hecho de manera diferente, o en alguien a quien desearías haber conocido cuando tuviste la oportunidad, o en cualquier cosa relacionada con las oportunidades perdidas.

Estoy bastante seguro de que todos lo hemos hecho, yo incluido, pero ¿alguna vez te has preguntado dónde estarías si hubieras ido a por ello y aceptado la oferta, o si hubieras seguido adelante con tu idea? Esto es algo que me gusta buscar en el mundo de los negocios en línea y darle la vuelta a la cabeza, en su lugar, mirando al presente. Todo el día, cada día se presentan nuevas oportunidades, y creo que es realmente importante que un vendedor en línea pueda entender cuándo, dónde y cómo sucede esto, y cómo aprovecharlo, lo que no podemos hacer sin antes ser capaces de detectar el potencial que surge de situaciones particulares.

Ahora, me gusta mucho hacer contactos y crear asociaciones comerciales mutuas con otros profesionales del marketing que beneficien a ambas partes. Sin embargo, rara vez veo que alguien haga este esfuerzo de manera consistente y a largo plazo, lo que es una lástima, porque todos tendríamos exactamente lo que queríamos si nos ayudáramos un poco más.

Déjame explicarte. Leí acerca de una especie de estudio científico (con el que usted puede o no estar familiarizado) que sugiere que cada persona en el mundo, sin importar dónde se encuentre, en qué país se encuentre o en qué idioma hable, está conectada y le conoce a través de una cadena de siete personas.

Tomaron a este tipo de ermitaño al azar que vive una vida muy solitaria en las montañas de un país lejano, y escogieron a una persona en el área de Londres para probar esto.

A través de la investigación y un poco de malabarismo aquí y allá, lograron llegar desde esta persona en Londres, a la otra persona que vive en las montañas en un país lejano con sus animales en siete saltos, un amigo de un amigo de un amigo y así sucesivamente. Mi primer punto aquí es un muy importante. Ya sea que esta teoría sea totalmente correcta o no, las oportunidades están ahí fuera, y deberías tomarte un poco de tiempo para ver esto, e inmediatamente te darás cuenta de que no están tan lejos como podrías pensar, no importa cuán desesperada sea la situación.

Imaginemos por un momento, usted es un vendedor en línea con un negocio modesto, ganando un par de miles de dólares al mes. ¿Cuánto tiempo te llevará llegar al éxito? Quién sabe, los grandes contactos y acuerdos que podrían catapultarte allí mismo a través del acuerdo mutuo y el beneficio podrían estar a sólo una o dos conversaciones de distancia. Su nuevo socio de negocios podría estar esperándole a la vuelta de la esquina y usted podría reunirse en cualquier momento.

Si tan solo pudiera darte un consejo - Sería esto

Este es mi primer punto para cada uno de los vendedores en línea por ahí. Si tuviera cinco minutos para hablar con cada persona con un negocio en línea, buscando consejo, esto es lo que les diría. Existen oportunidades, todo tipo de oportunidades, cosas en las que ni siquiera se ha pensado.

Están en todas partes y si quieres ser un gran éxito, hay que aprovecharlos a cada paso.

No me malinterpreten, no estoy diciendo que se despertarán mañana con un correo electrónico en su bandeja de entrada que responderá a todos sus problemas, pero en serio, las soluciones y las nuevas asociaciones están listas para ser tomadas, lo que me lleva al siguiente punto. Si no les llevas a otra persona

...de la voluntad. No esperes a que vengan a ti, sal y desentiérralos.

Así es como los grandes hacen que las cosas sucedan. No hacen las cosas solos, hacen sus contactos y se ayudan mutuamente, ya sea en una reunión intencional o puramente circunstancial, un gran grupo de personas se asegura de que cada uno de ellos tenga éxito. Tomemos por ejemplo diez vendedores. Cada uno tiene diez veces más poder de promoción, diez veces más posibilidades de encontrar nuevos contactos para aumentar sus posibilidades, diez veces más los ingresos, y así sucesivamente. Tienes que ser capaz de ver el poder de esto.

Míralo de esta manera. Imagina que la habitación en la que estás sentado está pintada de blanco puro de arriba a abajo, con pisos y todo. Ahora tome un bolígrafo delgado y dibuje un pequeño punto negro en su pared. Este eres tú. Ahora toma un bolígrafo rojo y pon un pequeño punto encima de ti para cada uno de tus amigos, luego un bolígrafo azul para cada uno de tus amigos, amigos.

Imagina este proceso repitiéndose una y otra vez, hasta que tu pared se llene. ¿Ves todos esos puntos? Cada uno es una oportunidad, cada uno una persona diferente de un estilo de vida diferente, de la que tienes la oportunidad de conocer, aprender y convertirte en un éxito mutuo. Ya sea que te den una nueva perspectiva de las cosas, o te den un pequeño consejo útil, o te conviertan en tu socio de negocios a largo plazo, sea lo que sea, está ahí, está más cerca de lo que piensas y está esperando que alguien lo tome y lo lleve al siguiente nivel, y al mismo tiempo se convierta en un éxito. Si no eres tú, será otra persona.

Tuya para que la tomes.

A cada una de estas personas tienes algo que ofrecer, ya que sin duda tienen algo que ofrecerte. No me malinterpretes, no estoy sugiriendo que salgas y te hagas amigo de toda la población mundial, pero realmente quiero dejar claro que estas oportunidades están ahí, y que están listas para que las tomes en la forma que desees.

Esto es lo más importante que creo que puedo mostrarte. Si ves algo que te gusta, no te sientes y digas: "Ah, eso está muy bien, salta y agárralo con las dos manos". Es tuyo para que lo tomes ahora mismo. No lo dudes.

Pruebe que esto funciona. Uno de los ejemplos fuera de la pila.

Una pequeña analogía más y les contaré una pequeña historia sobre cómo surgió este sitio, y muy probablemente muchos otros sitios y negocios antes y después de él. Imagina que estás caminando por una isla en un centro comercial lleno de gente. ¿Quién era esa persona con la que te cepillaste los brazos? ¿Fue el tipo que le va a contar a sus amigos acerca de su negocio y lo que usted hace, lo que lleva a cinco nuevos clientes? ¿Es esta la mujer que te va a dar una consulta de belleza gratis en el futuro? ¿Es el tipo que le va a contar a su amigo acerca de su negocio, y le va a enganchar con una campaña de marketing masiva a su lista?

Deje de hacerlo por su cuenta para obtener resultados inmediatos.

El potencial aquí es totalmente enorme. Espera, sin embargo, hay algo muy importante que debes saber sobre este proceso de hacer conexiones, y es que es dar y recibir. En un sentido comercial, es probable que usted les esté dando algo y que ellos le estén dando algo valioso a cambio.

Este tipo de negocio ha existido desde hace mucho tiempo. Todo lo que estamos viendo son operaciones que son mutuamente beneficiosas para cada parte. Una cosa que me gustaría decir antes de que vayamos más lejos, es que estoy hablando en un sentido puramente comercial. No veo seriamente a todos los que conozco como una nueva máquina de hacer dinero, y tampoco aconsejo a nadie que haga eso.

Todo lo que estoy sugiriendo aquí, con estos ejemplos en blanco y negro, es que la oportunidad está ahí fuera si estás dispuesto a aprovecharla y los resultados pueden ser enormes.

Hablaremos un poco más tarde sobre cómo hacer contactos, y los métodos reales para hacerlo, simplemente porque creo que es el camino hacia el éxito total en lo que sea que estés tratando de hacer. Aunque parezca que estás recibiendo un recorte de sueldo a corto plazo. Deja de intentar hacer las cosas por tu cuenta y verás los resultados de un esfuerzo de equipo, a largo, medio y corto plazo, tanto en términos de beneficios como de ventajas y nuevas oportunidades que se abren.

Ok, es hora de un ejemplo del mundo real para ti, y ten en cuenta que esto puede sucederte a ti, ya sea en una situación similar o bajo circunstancias totalmente diferentes. ¿Cómo llegó a existir este mismo producto? Todo comenzó hace un tiempo, en el año 2000, cuando me uní a un sitio web de membrecía de dos grandes vendedores de nombre. En realidad no pasó nada importante, en ese momento estaba pasando la mayor parte de mi día laboral hablando con gente nueva y probando estrategias de mercadeo para mi propio sitio de membrecía.

De todos modos, simplemente asistiendo a algunas de sus consultas y participando en su comunidad, así como conociendo a estos dos grandes vendedores, y a varios otros, también me encontré en contacto con grandes propietarios de listas y escritores de artículos. Ten en cuenta que no estaba buscando activamente nada de esto. En ese momento no veía a esa gente como una oportunidad. Yo sólo iba con la corriente en realidad, conociendo, saludando y hablando con gente en el mismo campo de negocios que yo.

No sólo terminé comenzando sitios con dos de estas personas, y casi comenzando uno con otro (decidimos que no era una idea viable al final), sino que tres años después, aquí estoy yo felizmente administrando mi e-zine y mis sitios web, junto con una llamada de uno de ellos que me introduce a aún más contactos. "Tengo a este tipo aquí, puede que hayas oído hablar de él, pero quiere crear este sitio con un sonido genial, pero no tengo tiempo para ello. ¿Estás preparado para eso?"

Claro que sí, eso suena como una buena oportunidad. Me fui, tuve una charla con este nuevo contacto, que ya había estado hablando con los otros que había conocido a través del mismo sitio. ¿El resultado? Este sitio, 500 ventas en unas pocas semanas, cada uno pagándonos $500+ por nuestra experiencia y para hablar con nuestros clientes contactos de primera mano, y algunos nuevos amigos y contactos de negocios de verdad.

No me malinterpreten, esto es sólo un ejemplo. Olvida cuánto se gana y a través de quién y cuándo, no estoy tratando de presumir aquí, pero lo que estoy haciendo es realmente martillar esta casa. Si no quitas nada de este sitio aparte de este informe, me encantaría saber cuántas opciones has abierto para ti mismo y lo volverás a hacer en el futuro. Mientras hayas captado este punto número uno, las oportunidades están ahí fuera.
Es un proceso de dar y recibir, y siempre mutuamente beneficioso.

También debo señalar en este punto que lo que acabo de mencionar es un ejemplo. Un solo ejemplo que crió más de 10 nuevos contactos duros.

Esto ha sucedido sin parar desde el primer contacto con personas en mi campo de especialización. Sólo por hablar. Sólo de boca en boca y por no intentar hacer todo por mi cuenta. Así que déjame preguntarte. Ahora mismo, ¿estás trabajando por tu cuenta? ¿Está abierto o cerrado a nuevos contactos?

La próxima vez que se te ocurra algo que te suene bien, no lo pases por alto y te preguntes qué habría pasado si hubieras dicho que sí. Hágalo, llévelo en el acto y vea adónde lo lleva. La próxima vez que surja algo que te suene bien, recuerda esta historia, y tu pared pintada con puntos de diferentes colores. Piense a dónde podrían llevarle las diferentes situaciones a usted y a su negocio y, sobre todo, en un entorno empresarial, nunca espere algo a cambio de nada.

Una especie de regla olvidada mutua, tú me rascas la espalda, yo rascaré la tuya.

Recuerde también que no debe ver a todas las personas que conozca como una oportunidad para hacer fajos con más dinero. No voy a probar esto, pero dudo mucho que haga maravillas para la vida social de nadie.

Siempre al acecho. Pruébelo para Ti mismo mañana por la mañana y verás Qué sucede....

Así que cuando te despiertes mañana, y todos los días a partir de ahora, y se presente una nueva situación, piensa en ti mismo: ¿Adónde podría llevarme esto? ¿Qué nuevas situaciones surgirán de inmediato, en un año o incluso diez años después? Es como ver toda tu vida hasta este punto como una gran cola larga, una cosa llevó a la otra, a la otra, a la otra, a la otra, a la otra y así sucesivamente. Una cosa que necesito que entiendas para completar este concepto es que tú tienes el control.

Igual que dibujaste esos puntos que conectan a tus amigos, y a los de sus amigos en la pared antes. Si usted escogiera a alguno de ellos, ¿cree que podría familiarizarse con sólo unas pocas palabras a través de otros amigos? Es cierto que podrías hacerlo, pero depende de ti dar esos pasos, elegir adónde va tu línea, y seleccionar a quién vas a conocer y, en última instancia, si estás trabajando para tener éxito o no.

Si quieres que suceda, ve y hazlo. Como he demostrado antes, entender que tienes tanto control, todo está en tus manos y que es tu elección es el primer paso para entender cómo vas a ir a seguir adelante. Esto es totalmente relevante para su negocio, no importa lo extraño que pueda pensar que este artículo es para un curso de marketing online. Necesito que entiendas que tienes el control total de lo que estás haciendo y de lo que vas a elegir hacer en el futuro.

Siempre crea oportunidades para ti mismo, deja tus opciones abiertas y nunca te quedarás atascado en una rutina, o con un problema irresoluble.

Recuerde, el ejemplo anterior es un ejemplo extremo. Tu objetivo no es usar a todos los que conoces. Su objetivo es hacer negocios de la manera más efectiva posible.

No tengas miedo de involucrarte.

Empieza mañana y verás resultados

Resumen

• Esta sección no estaba planeada en absoluto. Quería darte la esencia de lo que está pasando en mi mente cada día mientras llevo a cabo mi marketing online porque, aunque esto no es una guía paso a paso, es imperativo que lo entiendas antes de ir más allá.

• Algo que quiero que intentes hacer es mantener la mente abierta durante todo el curso. Esté abierto a nuevas ideas y a la nueva información que se le presente. Esta es la única manera de obtener lo mejor de ella y crear una abundancia de ideas impresionantes para su negocio.

• Yo mismo no soy un fanático del pensamiento positivo, esta sección no está relacionada con eso, sino que se basa en el concepto de que no es lo que tú sabes, es a quién conoces.

• ¿Alguna vez se ha despertado una mañana y se ha arrepentido de haber perdido una oportunidad, o se ha preguntado por qué no hizo algo la noche anterior que tuvo la oportunidad de hacer? ¿Qué tal a largo plazo? ¿Hay algo en el pasado que te hubiera gustado hacer de otra manera y que quizás hubieras estado haciendo en otro lugar por eso? Si es así, no te preocupes. Todo el mundo tiene estas oportunidades perdidas y esta sección es para asegurarse de que no vuelva a pasar.

• Todo el día, todos los días se nos presentan nuevas oportunidades, y muchos ni siquiera se dan cuenta de lo que está sucediendo. Necesitamos despertarte y abrir los ojos a este acontecimiento que te rodea ahora mismo, porque en última instancia te llevará a tu éxito.

• El punto de partida es entender que no se debe hacer todo solo. Nunca he conocido a nadie exitoso en el mundo del marketing online que no lo haya hecho o que en algún momento u otro haya utilizado esta táctica a su favor. Si quieres ser un éxito, de ahora en adelante, quiero que tú también lo uses.

• A veces usted puede sentir que sus metas, esperanzas y sueños están demasiado lejos para su gusto, y es frustrante porque va a tomar demasiado tiempo para alcanzarlos. Si asumimos que el primer paso para tener éxito es hacer contactos, científicamente, todo lo que quieres y podrías querer nunca está a más de siete pasos de ti.

• Un experimento que descubrí recientemente mostró a un ermitaño viviendo en montañas aisladas en un país lejano, y el desafío fue encontrar a alguien de Londres, Inglaterra, que lo conoció usando siete pasos. Un amigo de un amigo, de un amigo, de un amigo, y fue un éxito.

- Entienda ahora mismo que las oportunidades están ahí fuera. Necesitas abrir tu mente, dar un paso atrás y prestar atención. Si puedes hacer esto, empezarás a ver cuándo y dónde se presentan las oportunidades. Todo lo que quieres llevarte. El gran negocio contacto que podría traer a dos o más de ustedes el éxito mutuo pero masivo podría ser sólo una conversación de distancia.

- No estoy diciendo que te vas a despertar mañana con un correo electrónico en tu bandeja de entrada resolviendo todos tus problemas, pero el potencial para resolverlos está ahí. Las oportunidades en todas las formas y formas están maduras y listas para ser recogidas, y si no lo haces, te las perderás y alguien más ocupará tu lugar.

• El poder de la oportunidad y la toma de contacto es inmenso. Imaginemos que usted es un nuevo vendedor en ciernes que ha hecho diez contactos con sólo ser capaz de ver llegar estas nuevas oportunidades y conocer a nuevos empresarios. Diez veces el ingreso para todos ustedes, diez veces el poder de promoción, diez veces el éxito. ¿Puedes conocer a diez personas en el resto de tu vida? Si respondió afirmativamente, puede ser un éxito.

• Vea cómo el éxito no está tan lejos como usted cree. Imagina que estás en una habitación blanca. Coloque un pequeño punto en una pared; este punto es usted. Ahora coloca un punto verde junto a ti para los amigos que tienes, y un punto azul para cada amigo que tienen y así sucesivamente. En poco tiempo su habitación estará totalmente cubierta. Mirando esta sala llena de puntos, puedes ver lo fácil que es empezar desde el principio, y usando esta pequeña técnica científica explicada anteriormente, tienes más potencial del que nunca has soñado.

• En ese mismo sentido, permíteme preguntarte, si quisieras, ¿podrías conseguir una presentación de tu amigo que nunca antes has conocido? Apuesto podrías con unas pocas palabras. Lo mismo ocurre con el marketing. Todas las personas que desea contactar en el futuro para una relación comercial mutuamente exitosa están ahí mismo y son accesibles a través de alguien que usted conoce.

¿Ves cómo tu éxito está más cerca de lo que parece?

• Además de esto, para reforzar aún más la forma en que se puede hacer un buen uso de este efecto, es controlarlo. ¿Qué hiciste cuando le pediste a tu amigo que te presentara a otro amigo? Tú controlabas con quién te encontrabas. ¿Cómo vas a tener éxito en el marketing online? A través del mismo proceso científico de controlar hacia donde quieres ir en vez de esperar que la oportunidad venga a ti.

• La oportunidad puede venir en todas las formas, formas y tamaños, no tiene que ser sólo conocer gente. Usa y aplica esta técnica, toma todo lo que puedas tan a menudo como puedas, y aunque no puedas predecir a dónde te va a llevar, al final de ella, siempre tendrás más de lo que has empezado. Esta oportunidad de detectar y aprovechar es la clave de su éxito, simple y llanamente. (También hablaremos de esto más adelante, no se preocupe por los detalles por ahora, sólo entienda el concepto, tómelo y sepa que existe).

• Cuando te despiertes mañana y se presente cualquier situación, cualquier situación, piensa, a dónde podría llevarme esto si digo que sí, a dónde podría llevarme si hago esto en vez de ver la televisión, a quién podría encontrarme si voy aquí en vez de tomar una mentira extra después de una noche larga. ¿Recuerdas los puntos de tus amigos que dibujaste en la pared?

• ¿Adónde te llevará esto? Quién sabe, yo no sé, tú no lo sabes, pero una cosa que puedo decirte sin duda alguna, es que va a llevarte hacia delante, hacia tus objetivos. Recuerda, tú tienes el control aquí, nadie más. Está en tus manos y todo depende de ti.

Siempre crea opciones y oportunidades para ti mismo de esta manera, y nunca te quedarás atascado en una rutina, por no hablar de cómo verás inmediatamente tu rápido movimiento hacia adelante en la dirección en la que quieres ir.

• No tengas miedo de los cambios o de las cosas nuevas. Necesito toda su atención, dedicación y una mente abierta, eso es todo lo que le pido. Esto solo te empujará en la dirección en la que quieres ir.

Marketing en línea (objetivos de la sección)

• Para compartir la base es necesario conocer los conocimientos antes de pasar a técnicas de marketing online específicas y detalladas.

• Para inducir la mentalidad correcta para el éxito a través de la respuesta a tres preguntas rápidas acerca de usted mismo, en lugar de largos procesos de pensamiento positivo y establecimiento de metas.

• Para asegurarse de que sabe exactamente en qué se está metiendo, por qué está haciendo esto, dónde está ahora y dónde quiere estar en el futuro.

• Disminuir la ansiedad abriendo tu mente para hacer lo contrario de lo que probablemente has estado haciendo durante la mayor parte de tu vida en lo que respecta al establecimiento de plazos.

• Para mostrarle qué hacer con las ideas de productos o servicios que le llegan y que no son viables de completar en la actualidad.

• Poner sobre la mesa las dos cosas más importantes que debes tener en mente y llevar contigo todo lo que haces relacionado con tu negocio.

• Para explicar cómo nosotros, como vendedores en línea son todos los maestros de la creación de múltiples habilidades, incluso si usted no se siente de esa manera.

• Para demostrar que es mucho más fácil hacer avanzar su negocio, y en la dirección que usted quiere que vaya, que muchos le han llevado a creer a través de otras guías y tácticas de miedo.

Marketing en línea

Una visión general

Me gustaría tomarme un tiempo para hablar de en lo que te estás metiendo.
No sólo en lo que te estás metiendo, sino en lo que todos nos hemos metido de cabeza: el fascinante mundo del marketing online.

Déjame decirte, desde 1999, he visto muchas cosas. He visto a gente que parece saberlo casi todo, he visto a amigos que han tenido éxitos asombrosos, empezando desde abajo y subiendo de nivel. He visto a la gente tener éxito en alcanzar sus sueños y metas, y he visto a la gente fracasar y simplemente darse por vencida, sin mencionar los innumerables métodos y guías para el éxito, nuevos sistemas de todo tipo.

Mirando hacia atrás, ha sido un gran viaje con altibajos, altibajos, grandes altibajos. Cuando empecé a trabajar en marketing, noté algo que me asustaba un poco, y era la alta tasa de fracaso. A medida que progresaba en la construcción de mi negocio, probando mis propios métodos y ascendiendo por así decirlo, empecé a darme cuenta de las cosas.

La gente estaba haciendo su negocio en línea totalmente ciega a los defectos fundamentales que estaban creando para sí mismos. Comencé a mirar hacia atrás a la gente que había conocido que había abandonado temprano antes de alcanzar sus metas y algunas cosas empezaron a saltarme. Entonces decidí que el día que escribo un producto de información, las primeras cosas de las que voy a hablar, son los fundamentos del negocio.

Esta es una sección muy importante. De hecho, recuerdo que en aquellos tiempos me decía a mí mismo: "Cuando lo logre y alcance mis objetivos, si alguna vez escribo un producto informativo, voy a incluir un informe titulado "Cosas que me gustaría saber antes de empezar". Todo lo que estás a punto de leer es información de fondo. Cosas que siempre debes tener en tu cabeza mientras trabajas en tu negocio. Un tipo de reglas de las que no deberías desviarte, pero que no son necesariamente trabajos prácticos con los que puedas seguir adelante en este momento.

Todo lo que he visto y aprendido aquí en varias etapas de mi negocio' 'y le gustaría pasar directamente a usted antes de que comencemos para proporcionarle una base para su conocimiento. Datos reales que debe tener en cuenta al hacer negocios en línea, o incluso fuera de línea, si decide hacerlo en el futuro.

Los Fundamentos De Negocios en Línea

La cosa con la comercialización en línea es que cualquier persona en cualquier lugar puede iniciar su propio negocio. Usted no necesita una gran cantidad de dinero en efectivo para poner una propiedad, y no necesita comprar acciones, o poner una gran suma de dinero para el almacenamiento, y así sucesivamente. Esto es genial, pero en algún momento del camino, se han olvidado los aspectos básicos de los negocios.

Por supuesto que no te aburriré y transmitiré todo lo que aprendí en la universidad y en la universidad, porque para ser honesto, casi nada de esto se aplica al mundo real de los negocios. En lo que realmente quiero meterme en esta sección eres tú. Por qué estás haciendo lo que estás haciendo, qué esperar y lo más importante cómo hacer esto correctamente en la planta baja, porque, por supuesto, la construcción de una base sólida es extremadamente importante a corto plazo, sólo en términos de supervivencia, por no hablar del éxito total y absoluto.

Una cosa que encuentro con el negocio en línea es, la gente ve la oportunidad allí de hacer un montón de dinero en efectivo, dejar sus trabajos y vivir una buena vida.

En cierto modo, esto es cierto, pero se olvidan de sí mismos. Ven el dinero y se les iluminan los ojos. Por eso quiero hablar de ti, de lo que quieres y de cómo piensas conseguirlo antes de seguir adelante.

¿Por qué estás aquí?

Primero, ¿por qué estás aquí? Hágase esa pregunta. ¿Por qué has decidido crear tu propio negocio? ¿Por qué en línea? Tal vez fue la promesa de algo de dinero extra, un poco de tiempo libre extra. ¿Quieres llegar hasta el final y dejar tu trabajo en el futuro? ¿O tal vez tienes alguna otra motivación?

Esta es la base para establecer metas. ¿Por qué estás aquí? Cuando haya respondido a esa pregunta, recuérdelo. Manténgalo archivado, actualizado y bien integrado en su mente. En cualquier momento difícil que se le presente, o cualquier problema que pueda surgir con su negocio en el futuro, recuerde por qué está aquí y por qué está haciendo esto y por qué vale la pena. La respuesta a esta pregunta es qué es lo que te va a estimular y a mantenerte en marcha y moviéndote por la escalera.

A algunas personas les gusta crear planes totalmente elaborados en torno a sus objetivos, pero por ahora lo dejaremos así. Rápido y sencillo. No es difícil, no consume tiempo, pero es una parte extremadamente importante de su éxito. Todo lo que tienes que hacer es hacerte esas tres preguntas. ¿Por qué estoy aquí? ¿Qué es lo que quiero? ¿Cómo planeo obtenerlo? ¿Básico? Puede que pienses así, pero míralo de esta manera, sin esta motivación, puedes encontrarte despertando en cinco años, sentado en la misma silla, en el mismo lugar, en la misma situación y preguntándote por qué no has avanzado. Es probable que se deba a que no se fijó una meta, la cual se logra simplemente respondiendo a esas tres preguntas. No dejes que esto te pase a ti.

Esto es un negocio real

A continuación, quiero tocar algo que todavía veo todos los días, y para ser honesto, me hace preguntarme. Quiero que recuerdes lo que estás haciendo aquí. Estás empezando o construyendo un negocio. El problema que veo todos los días es, como ya mencionamos anteriormente, que la oportunidad está ahí para todos, pero no parece hundirse en el hecho de que están empezando su propio negocio.

Entiendo que te moleste un poco que alguien inicie un negocio que no sabía que lo estaba haciendo, pero déjame explicarte. Estoy seguro de que has visto esos sitios web con enlaces por todas partes, totalmente desorganizados, una página llena de bonitos colores diciéndote que haz clic en uno y ganarás miles de dólares por hora, o un encantador sitio alojado gratuitamente con diez pop-ups en cada página y un bonito borde floral con un fondo animado rosa brillante de conejitos felices saltando por el lugar.

No es sólo el diseño de los sitios, es el servicio al cliente, la calidad de las cartas de venta, la calidad del producto, el precio, la presentación, todo, cada uno de los aspectos.

Realmente me hace pensar cuando aterrizo en estas páginas. ¿Saben estos tipos que se supone que tienen que dirigir un negocio? No me odies todavía; sé que suena muy obstinado, pero sus raíces están basadas en hechos.

¿Comprarías en estos sitios incluso si el producto sonara increíblemente bien? Seguro que no lo haría. Hay demasiadas cosas en mi mente. Tengo que hacerme demasiadas preguntas.

Un buen vendedor sabe que además de tener un buen producto, las preocupaciones de cualquier visitante de su sitio web deben ser aplastadas lo más rápido posible. Todas las preguntas que usted se hace antes de comprar algo sobre la persona que le está vendiendo a usted y el producto en sí necesitan ser contestadas y respondidas bien, o simplemente va a hacer clic y seguir adelante. El punto principal que estoy tratando de hacer aquí es entender completamente en lo que te estás metiendo. Con el anonimato de Internet y la gente que vende productos en él, hay que recordar sobre todo que hay que ser profesional y de negocios en todo momento. Si creas algo y no te sientes totalmente cómodo con él, lo más probable es que no esté a la altura y no te va a hacer ningún favor, ni en cuanto a dinero, ni en cuanto a tiempo libre, ni a largo ni a corto plazo.

Aquí hay un buen ejemplo. Durante las etapas de planificación, este mismo informe que usted está leyendo ha pasado por no menos de seis borradores y versiones diferentes porque no era lo suficientemente bueno. No fue lo suficientemente profesional, no le dio a los puntos con la suficiente fuerza. Este sitio ha pasado por muchos cambios pequeños, incluyendo tres diseños, una revisión total, cuatro versiones de los scripts que se ejecutan en segundo plano, dos scripts de afiliados diferentes y algunos trabajos personalizados.

No estoy diciendo que tengas que exagerar, pero mi creencia personal, basada de hecho es que si has hecho un esfuerzo extra con algo, los clientes lo notarán, y te recordarán, aunque lo más importante es que te comprarán a ti en primer lugar. Siempre, siempre mantenga su trabajo profesional y de la más alta calidad si usted quiere salir de los bloques de salida, o simplemente no sucederá para usted.

Tu personalidad te hace notar

Aquí viene la parte divertida. Tomando la idea anterior de ser profesional en todo momento, usted puede sentir que este siguiente punto es una contradicción en los términos, y que es inyectar su propia personalidad. Esto es realmente importante para el éxito de cualquier negocio en línea, y seguro que ayuda a conocer gente y conocer nuevos contactos y formar relaciones comerciales.

El profesionalismo es bueno, pero por sí solo, no es suficiente. Veo esto cada vez más, todos los días con los e-zines que recibo a través de mi correo, los informes que me envían las personas, y las cartas de ventas de nuevos productos o servicios que leo a diario.

Por lo que a mí respecta, estás leyendo esto, y después de haber leído la introducción hasta ahora, tienes alguna idea de nosotros y de quiénes somos, de cómo sonamos y eso le da personalidad al curso. Conoces la fuente de ellos. Si no hubiéramos hecho esto, estarías leyendo otro aburrido paquete de texto que no tenía ningún fondo ni significado.

He aquí un ejemplo un poco más directo para ti. En este momento, y durante el resto del curso, te escribo y te hablo como si estuviera hablando con un amigo, pero en un sentido profesional. No queríamos crear una experiencia tediosa para ti, de lo contrario se convertiría en otro bloque de texto al azar y aburrido sin rostro diciéndote qué hacer, y eso es lo último que queremos. Nosotros saldríamos perdiendo, y tú saldrías perdiendo, te aburrirías, dejarías de leer y te llevarías una experiencia negativa con nuestros nombres pegados a ella. No es bueno, no es bueno para ninguno de los dos.

¿Cuánto dinero vas a ganar?

A continuación, algo de lo que todos disfrutamos hablando: dinero. Sin embargo, no es dinero lo que está gastando, sino cuánto va a ganar con su negocio. Esto es algo que no hay duda de que es importante para todos los que leen en este momento. Hablemos de efectivo. Estoy seguro de que ha visto a todos los grandes vendedores por ahí ganando enormes cantidades de dinero en efectivo, cientos de miles de dólares al año y así sucesivamente. También estoy seguro de que has oído o escuchado ha visto a mucha gente luchando para ganar sólo quinientos dólares al mes también.

Con demasiada frecuencia veo a demasiados vendedores tratando de encajar en el grupo superior cuando están realmente en el grupo inferior, algo así como subiendo una escalera, pero sin llegar a los peldaños medios. No te preocupes demasiado.

Hay un "en el medio". Por mucho que a algunas cartas de ventas les gustaría que no creyeran que esto es así.

Tienes todo lo que necesitas El tiempo en el mundo

Conozco a mucha gente que gana entre treinta y ochenta mil dólares al año. No son súper ricos, pero de nuevo tienen una gran base para trabajar. Lo que quiero decir es que no te fijes el objetivo de ganar un millón de dólares al año en un plazo de seis meses. Esto no es para decir que no puede suceder, esto no es para decir que no puede suceder realmente rápido, pero tienes que dejar de ponerte límites de tiempo, porque todo lo que hace es añadir a tu frustración y ansiedad de tener sólo tantos días o semanas para alcanzar tus metas.

Trabaja para conseguirlo, y lo conseguirás. Tira todos tus límites de tiempo por la ventana en este momento.

No trates de ser la persona más rica del mundo. ¿Recuerdas el primer punto del que hablamos? ¿Por qué estás haciendo esto? Este es su objetivo principal, y no se desanime si no es tan rico como esperaba en los primeros meses. En resumen, ganará tanto como quiera ganar si tiene en cuenta el punto de profesionalidad en cada turno. Si

son mil al mes, mil a la semana, o mil al día, quiero asegurarte ahora que se puede lograr y que no estás perdiendo el tiempo leyendo esto, pero si vas a lograrlo, tienes que dejar de ponerte fechas límite ahora mismo.

Por qué todos somos especiales

El cuarto aspecto fundamental del que quiero hablarles está generalmente relacionado con el negocio online, y no tanto con el negocio offline. Se trata de nuestras habilidades. Puede que no lo pienses si has estado en la escena por un tiempo, pero somos especiales. Sí, lo eres. Todos nosotros somos especiales en que somos tan hábiles y probablemente ni siquiera lo notamos. Echa un vistazo a lo que nos lleva a crear el producto medio.

Planificamos el producto, creamos un producto, diseñamos y construimos un sitio web y lo alojamos, creamos programas de afiliados, procesadores de pagos. Escribimos nuestro propio material de ventas, anunciamos nuestros propios productos, mantenemos nuestras propias listas, seguimiento, ventas backend, administración de negocios, servicio al cliente. Lo que sea. Lo hacemos.

Es cierto que puede hacer que los diseñadores web construyan sus gráficos por usted, que los redactores escriban su material de ventas y así sucesivamente, pero si apenas está empezando y no tiene esa cantidad de dinero para gastar, todo le corresponde a usted.

Esto no es un problema, pero lo único que quiero comunicarles antes de pasar a las siguientes secciones es mantener las cosas estructuradas. La sobrecarga de información es mala, y si tratas de ser el mejor en todo, acabarás cansado, agotado, confundido y probablemente no esté mejor. No seas tan duro contigo mismo.

Este es un buen ejemplo para ti. Mi especialidad definitivamente no es diseñar gráficos para sitios web, (lejos de eso, créeme) que es exactamente por lo que contraté a alguien para hacer esto por nosotros. No costó una gran cantidad, el sitio entero de hecho, aparte del sistema de afiliados incorporado, costó menos de trescientos dólares.

El ejemplo anterior incluía toda el área de miembros, el sistema de inicio de sesión, los gráficos, y fuera del área de miembros, así que no es un mal negocio. Esto es cierto para cada habilidad que tenemos y obtenemos. Si tienes la habilidad, ve por ella, si tienes el dinero y no eres tan bueno (como mis habilidades de diseño) contrata a alguien.

Mi segundo punto aquí es que es muy raro que quieras que te hagan algo y no hay nadie que lo haga por ti si no puedes hacerlo tú mismo. No te rindas con las ideas porque parecen estar fuera de tu alcance.
Vale, un último comentario que hacer antes de que terminemos con lo de hoy. Todo esto vale la pena.

Ya sea que busque más dinero o más tiempo para pasar con su familia, hay un tamaño de negocio, un tipo de negocio o una forma de hacer las cosas que le conviene. La sección anterior puede haber parecido un poco desordenada y un poco nerviosa en lo que se refiere a los temas, sin embargo, si alguien me quitara mi negocio hoy, y me dijera que empezara de nuevo, serían las cosas número uno que estaría feliz de saber esta vez, que no eran tan aparente la última vez.

Si el razonamiento detrás de este informe no es claro de inmediato, permítanme explicarlo. Si realmente te miraste a ti mismo, todo lo que quieres lograr, todo lo que estás haciendo, lo que has hecho y lo que harás, ahora sé con seguridad que estás 100% cómodo con tu posición. Ya sabes adónde vas. Usted sabe en un formato muy general cómo va a llegar allí, y también sabe de lo que es capaz.

Si algunas cosas aún no están claras, siéntase libre de repasar el informe de nuevo, pero esta vez hágase las preguntas y obtenga las respuestas antes de pasar a la siguiente.

Un relleno de espacio que no es. Léalo de nuevo si es necesario, o tal vez en una fecha posterior. Todo aquí es una gran base de conocimiento para su negocio. ¿Quieres pruebas? Inténtalo, y mira lo que pasa.

Resumen

- Es importante entender todas estas ideas antes de lanzarse de cabeza a crear su propio negocio. Si vamos a tener éxito en algo, primero necesitamos información de fondo y entender cómo funciona.

- El marketing online no es una excepción. He visto muchas cosas, muchos altibajos. Los éxitos asombrosos, los fracasos masivos de la bancarrota, he visto, leído y de hecho propio de masas de guías, cómo, y la información de marketing en línea.

• Uno de los principales problemas es que la gente estaba haciendo su negocio totalmente ciega a los defectos fundamentales de lo que estaban creando para sí mismos. Esto era fácil de ver examinando a las personas que habían fracasado y comparándolas con las personas que tuvieron éxito en mi viaje hasta aquí. Es entonces cuando decidí que cuando alcance mis objetivos, voy a escribir un curso basado en el título: Cosas que desearía saber antes de empezar. Este es ese curso.

• Hoy en día, cualquiera puede empezar su propio negocio en línea. Todo lo que necesitan es una idea, y una cantidad muy pequeña de dinero en efectivo. Ya no hay necesidad de grandes cantidades de inversión. Mirando a mí alrededor, es obvio para mí que por esta razón la gente olvida que están dirigiendo un negocio, y simplemente lo ven como una forma rápida de hacer algo de dinero extra. Déjame decirte que eres un hombre de negocios, o una mujer de negocios. Nunca olvides eso.

• No importa cuánto a la gente no le guste el pensamiento positivo y el establecimiento de metas, usted tiene que hacerlo. Fijar metas por lo menos, porque este va a ser tu movimiento impulsor que te va a empujar hacia el éxito. Sin metas significa sin motivación, sin motivación significa despertar en cinco años y preguntarse por qué estás en el mismo lugar. Del mismo modo, no fijarse metas significa perseguir algo que uno quiere y que siempre está creciendo y mejorando, y más lejos, lo que significa que uno nunca lo logrará. Necesitas una meta fija.

• Fijarse algunas metas no implica pensar positivamente, tampoco es mucho trabajo. Sólo requiere que respondas algunas preguntas. Piensa en esto ahora mismo. ¿Por qué estás aquí, y por qué estás haciendo lo que estás haciendo ahora mismo? ¿Qué quieres sacar de lo que estás haciendo ahora mismo? Esto es todo lo que el establecimiento de objetivos requiere. Nada aburrido, nada elaborado, pero es la diferencia entre seguir adelante y quedarse dónde estás ahora mismo.

- ¿Pasar por momentos difíciles o un problema que no sabes cómo resolver? No es un problema, refiérase a su meta para obtener algo de motivación. ¿Por qué estás aquí? ¿Qué estás haciendo ahora mismo? ¿Y qué quieres sacar de lo que estás haciendo ahora mismo? Eso es todo lo que hace falta, nada más.

- Tiene que hundirse en que usted está empezando o construyendo su propio negocio. Esto no es un juego; esto no es un juguete, o algo para que le muestres a tus amigos. Es enteramente su creación, y está ahí por una sola razón y una sola razón, y es para lograr sus metas y mejorar su vida.

- A veces me hace preguntarme si la gente se da cuenta de lo que está haciendo. El profesionalismo es una necesidad en todo momento. Estoy seguro de que has visto los sitios repletos de enlaces de afiliados, bordes florales de color rosa esponjoso con luces brillantes que hablan con usted acerca de hacer millones de la noche a la mañana. Me hace preguntarme si esta gente sabe que tiene un negocio. ¿Comprarías de estos sitios incluso si el producto sonara como la mejor cosa que jamás haya aparecido en Internet?

- Tampoco se trata del diseño del sitio. Se trata de profesionalismo. Tienes que tener esto contigo en todo lo que haces. Tiene que ser el mejor trabajo que hayas hecho. Cuando digo todo, me refiero a su marketing, a sus joint ventures, a sus cartas de ventas, a su texto de anuncio, a su seguimiento, a su producto, a su sistema de afiliados, a cualquier contacto que haga con su lista o a cualquier otro recurso que pueda tener, de hecho, a cualquier cosa y a todo lo que usted vaya a hacer que esté relacionado con su negocio.

• Un buen vendedor sabe que además de tener un buen producto, para hacer cualquier venta, tiene que eliminar cualquier preocupación de la mente del cliente cuando llega a sus cartas de ventas. Hay que aplastarlos lo antes posible. Sin este nivel de profesionalismo, esto no sucederá para usted. Siempre piense en los negocios, siempre piense en el dueño del negocio, y siempre piense en el ciento diez por ciento de profesionalismo si está buscando seriamente llegar a alguna parte.

• Por ejemplo, tome este producto. Ha pasado por seis borradores y varias etapas de planificación durante un período de tiempo, simplemente porque no era lo suficientemente bueno cuando empezó. No fue lo suficientemente profesional, y no le dio a los puntos con la suficiente fuerza.

• No te pases de la raya con esto, de lo contrario nunca conseguirás nada, pero mantenlo contigo, mantenlo en el frente de tu mente en todo momento y lo harás bien.

- Inyecte su personalidad. Esto puede sonar como una contradicción en los términos del consejo anterior que te di sobre ser profesional, sin embargo, ser profesional por sí solo no es suficiente. Si quieres destacar, si quieres ser notado y recordado, no quiero que tengas miedo de poner un poco de ti mismo ahí dentro. Después de todo, si te recuerdan, eres de confianza. Si se confía en ti, harás un montón de ventas más.

- Ser profesional no significa ser aburrido. Por ejemplo, en este informe, les hablo como si estuviera hablando con un amigo. Estás recibiendo un montón de información, y un poco de mí al mismo tiempo, algo que es poco probable que olvides a toda prisa. Mantenga esto junto con su profesionalismo.

- Piense en sus recursos. ¿Cuánto tiempo tienes? ¿Necesita más? La respuesta es que puedes dedicar todo el tiempo que tengas disponible, incluso si sólo son siete horas a la semana para empezar. Usted puede extender el trabajo a lo largo de un período de tiempo más largo. No tires una buena idea por la ventana sólo porque no puedes terminarla en unos días. Usted no está impedido de crear un producto de cracking sólo porque no tiene mucho tiempo libre o porque no tiene preocupaciones presupuestarias.

- Trata de no frustrarte porque no eres rico. Hay más que ser rico y estar quebrado, y en términos monetarios hay muchas comodidades en las etapas intermedias, donde puede que no hayas alcanzado tus metas todavía, pero seguro que te estás moviendo hacia ellas y en una posición mucho mejor comparada con la que tenías cuando empezaste.

• No se preocupe demasiado por las fechas límite. Los plazos equivalen a ansiedad, frustración y le retrasarán. Fíjese un objetivo y trabaje para lograrlo, y lo logrará.

• Todos somos especiales. No tenemos una base masiva de personal para hacer cosas por nosotros. Escribimos nuestro propio material de ventas, anunciamos nuestros propios productos, mantenemos nuestras propias listas, seguimiento, ventas backend, administración de negocios, servicio al cliente. Lo que sea. Lo hacemos.

• Aprenderás muchas habilidades a lo largo del camino, pero de nuevo, no tires por la borda una idea sólo porque no sepas cómo hacer algo. Es muy probable que haya alguien ahí fuera a quien puedas contratar para partes del proyecto que no puedas hacer. Por ejemplo, soy terrible en el diseño de gráficos de sitios web, pero eso no significa que dejé de poner sitios. Aprendí al principio, y hoy en día tengo a alguien que hace esto por mí.

● Enhorabuena, porque si ahora puedes responder a las tres preguntas: ¿Qué estoy haciendo aquí? ¿Por qué lo estoy haciendo? ¿Qué es lo que espero lograr?

Entonces estás en la mejor disposición para continuar, ambos estamos en la misma situación para una máxima eficiencia y, lo que es más importante, probablemente sin darse cuenta, sólo por hacer esto, en los últimos treinta minutos del curso, ya has empezado a avanzar. Sigamos adelante.

Las 10 Mejores Razones para el Éxito (Objetivos de la sección)

• Para discutir las principales razones de éxito y fracaso, para tratar de identificar cualquiera de estas características en la forma en que usted trabaja y para erradicarlas antes de entrar en la promoción seria de su producto más adelante en esta área.

• Para mostrarte que no importaba lo bien que sonaran las guías anteriores, si las seguías, y no funcionaban, no te contaban toda la historia.

• Para demostrar que probablemente sabes más de marketing online de lo que crees.

• Hablar sobre la forma en que todos pasamos el día y nuestras rutinas como autónomos, y cómo un simple problema con la transición de skivvy a un control completo podría estar frenando su avance.

• Para mostrarte que siempre hay partes del marketing online que alguien no disfruta, y para darte una idea de la razón número uno por la que esto podría estar parándote los pies en la tierra.

• Para discutir consejos y guías anteriores que usted puede haber leído y lo que algunos vendedores le dirán para que los escuche. Si te están diciendo una frase en particular que se ha vuelto muy popular últimamente, no importa lo amables y amables que sean contigo, no pueden ayudarte.

• Mostrarle cómo seguir adelante y cómo no seguir adelante podría dejarle manteniendo el mismo producto durante años con muy pocos beneficios. En mi experiencia un error muy común, yo también caí en esta trampa pegajosa.

Las 10 Mejores Razones para el Éxito

Saludos, bienvenidos a la sección donde veremos algunas de las razones por las que algunos tienen éxito y otros no. Hay muchas razones por las que esto puede ocurrir. Quiero hablar con ustedes sobre algunos de los más comunes, y sobre algunos de los problemas que tuve que superar en mi camino hacia aquí y que muchos otros con los que he hablado también tuvieron que superar. En lugar de ser un informe totalmente negativo en el que te digo por qué no estás teniendo tanto éxito como te gustaría, veamos esto desde otro punto de vista. Voy a mostrarle todas las razones que se me ocurren por las que los profesionales del marketing están luchando para que usted pueda detectarlas y resolverlas de forma activa de inmediato.

Muchos están luchando. Es un hecho. A través de una plétora de situaciones sin culpa propia. Después de todo, esto no es algo por lo que puedas ir a la escuela o a la universidad y que te enseñen. Cuando empezamos todos nos sentimos en la oscuridad, y se cometen errores, esto es una garantía.

Mientras lees, me gustaría que te concentraras en lo que se está diciendo y que busques ejemplos que te suenen a ti, o algo que puedas hacer. No es nada de lo que avergonzarse, nada de lo que sentirse molesto o molesto, es algo que sólo tú puedes pensar.

"Vaya, eso suena como yo, mejor dejo eso". Ese es el efecto exacto que estamos buscando aquí, nada más.

Así que, sin más demora, empecemos a analizar algunas de las razones por las que algunos profesionales del marketing tienen más éxito que otros y algunas de las soluciones si estás teniendo un problema en particular.

¿Estás escuchando? ¿Las personas adecuadas?

La primera de la que me gustaría hablarte es sobre tu elección de guía de compras. Es cierto que esto no se aplica ahora porque te has lanzado, pero ¿alguna vez sentiste como si alguien no estuviera contando toda la historia con guías anteriores que has comprado o incluso te han dado?

Es demasiado fácil encontrar información sobre el marketing online, pero si esa información es buena, probada, probada y completa es otro asunto completamente distinto. A menudo, cuando la gente empieza, me dicen que han estado leyendo este libro electrónico gratuito que se les dio, y lo que les estoy diciendo contradice lo que se ha escrito, o leyeron sobre algo antes pero nunca estuvieron seguros de cómo hacer las cosas. Generalmente, cuanto más gasta, mejor calidad obtiene.

Es desafortunado que muchos profesionales de marketing no entiendan que no se les está contando toda la historia, o incluso que se les está contando información incorrecta.

No me malinterpreten, no estoy criticando productos más pequeños, pero entiendan que si quieren una guía que les muestre todos los consejos y secretos comerciales, seguro que no les va a costar $25. Si usted tiene amigos en el negocio, o alguien que usted conoce que esté cometiendo este error, dígaselo a ellos.
Desafortunadamente, tratar de señalar a alguien a un producto de alto precio no siempre es fácil de hacer, porque suena como una charla de ventas, pero estoy divagando, sigamos adelante.

Apuesto a que sabes más de lo que crees

Gran razón número dos, es que ya sabías cómo hacer todo pero no hiciste el trabajo por alguna razón. Hay muchas razones para esto, pero déjenme decir que yo también experimenté esto, hasta que un día compré el producto de otra persona, lo que me puso en su lugar y me hizo pensar. Oye, este tipo es grande y gana mucho dinero, pero ya sabe todo lo que está enseñando. Esto me animó bastante bien y resultó ser el impulso que necesitaba para llegar a esta etapa, vendiendo múltiples productos de más de $1000 al día durante varios meses del año. Fue un gran motivador y a veces eso es justo lo que la gente necesita para ponerse en acción de nuevo, no necesariamente el conocimiento en sí mismo. Esto es algo que he tenido en cuenta con este informe, y la razón por la que tenemos las páginas de objetivos y los resúmenes al final de las versiones escritas. Espero que hayan hecho su trabajo, que te hayan hecho sentir como si estuvieras progresando y aprendiendo nuevos métodos y técnicas que te serían útiles. Yo sugeriría hacer algo similar con sus productos también.

Perdiendo el tiempo sin siquiera saberlo

Siguiendo adelante, es increíble el tiempo que perdemos sin hacer nada útil, incluso cuando parece que lo somos. Alguien me lo señaló hace cuatro o cinco años y me dijo hola, tengo algo para que lo pruebes.

La próxima vez que haga un trabajo grande, como escribir un informe o construir un sitio, registre cuánto trabajo hace, cuánto hace en cuánto tiempo, y luego repórtese conmigo por la mañana. Le garantizo que puedo triplicar la cantidad que hizo sin sacrificar la calidad al día siguiente.

Intrigado, hice lo que ella dijo. Volvió al día siguiente y me demostró cuánto tiempo estaba perdiendo haciendo cosas irrelevantes. Ya sea para ver las noticias en la televisión, ir a buscar algo de comida, hablar con algunos amigos durante unos minutos, hojear las pistas de mi reproductor de MP3 entre cada canción tratando de encontrar las buenas y así sucesivamente.

Aquí hay otro ejemplo más reciente de esto. He estado trabajando en este informe ahora y en algún software al mismo tiempo durante muchos meses. Me senté durante siete horas seguidas (algo que raramente puedo hacer con el número de proyectos en los que estoy trabajando actualmente) y escribí, escribí y escribí, y salí con más de 60 páginas, lo que significa que si realmente me hubiera sentado y concentrado en el único proyecto que hubiera hecho, habría hecho más de 1200 páginas en tan sólo 20 días. Así que este es el asunto. Cuando trabaje, trate de mantener un horario, un conjunto de metas o, por lo menos, un registro de cuánto está logrando y elimine todas las distracciones.

No me malinterpretes, no te estoy llamando perezoso. Sé que quieres seguir adelante o de lo contrario no estarías leyendo esto ahora mismo. Tómate tu tiempo a trabajar en tu negocio. Siéntese, elimine todas las distracciones y trabaje derecho durante 12 horas. Echando un vistazo a mi escritorio ahora tengo mis auriculares puestos, con la lista de reproducción en marcha, tengo mi teclado, un reloj y un vaso de agua helada. Eso es, nada más. Lo mejor de todo esto es que no hay distracciones, y yo trabajo. Le sugiero que, como mínimo, elabore un calendario para sus días de trabajo y que se fije objetivos para evitarlo. Es increíble cómo vuela el tiempo y la cantidad y calidad del trabajo se ve afectada por las distracciones. Inténtalo, tal vez encuentres que el ritmo de las cosas se acelera.

Evitando los pedacitos sucios ¿Esto te suena a ti?

A continuación viene 'la forma de pensar de evitar' las partes sucias. ¿Alguna vez has estado sentado allí, tal vez trabajando o leyendo tus guías sobre cómo lograr algo, y te has dicho a ti mismo:'Hmm, ya sabes, no me apetece hacer eso', o 'Esto no es lo que imaginaba hacer cuando empecé en el marketing online'? Bueno, no serías el único y esta podría ser la pieza que falta en el rompecabezas para ti. En general, cuando empiezas a profundizar en este negocio es muy diferente de lo que ves en el exterior. No sólo eso, sino que las cosas pueden cambiar.

Desafortunadamente nosotros, como vendedores en línea, tenemos que tomar lo bueno con lo malo y seguir adelante a pesar de todo. Esto a veces resulta en encontrarse con algo que requerirá que usted supere una barrera o que tire de algo nuevo. Por lo general, cuando hablo con la gente acerca de su comercialización en línea, la cosa número uno que aparece aquí son las empresas conjuntas.

Especialmente la primera vez porque ya no estás tratando con un montón de listas, pero a nivel personal y, de hecho, puede ser un poco difícil ponerse en marcha si nunca lo has hecho antes. Como mencioné antes, no te enseñan estas cosas en la universidad.

Así que este es el asunto. Usted necesita ver todo lo que está haciendo en relación con su negocio y preguntarse si le está ayudando o estorbando.

Cuando encuentre una respuesta, ya sea en este informe o en otro lugar, si no le gusta la idea de tener que hacerlo usted mismo, contrate a alguien para que lo haga si puede, o si no, es hora de quemar algunos puentes. Hagas lo que hagas, no lo bloquees y lo pongas en la parte de atrás de tu mente pensando que esa pequeña cosa que has dejado fuera no hará tanta diferencia. En mi experiencia, todo lo que haces está encadenado a otra cosa. Dejar uno fuera puede dejarte con un gran vacío en tu marketing online.

No te pongas en la lista de los grandes... ¿Estás loco? ¿Estás loco?

Pasemos a la siguiente y probablemente la parte más preocupante de este informe, y es que es posible que te hayas encontrado con una persona que dice `no escuches a los tipos grandes', o con un informe escrito por una persona así. Esto me confunde hasta el día de hoy. El argumento habitual es que sólo están en esto por sí mismos, así que no los escuches a ellos, escúchame a mí en su lugar porque soy una buena persona. Ahora no sé cuánta gente va para que esto sea honesto, pero los ataques a los gurús, como me gusta llamarlos, parecen haberse convertido en una propuesta de negocios popular para algunas personas.

No te lo creas. Eso es como decirte que no escuches a la gente que está hacer dinero, sino escuchar a la persona que no escucha a la gente que hace dinero. Extraño. Mi réplica al golpe al gurú es, no, no están en esto sólo por ellos mismos. Si tuviera que publicar este informe y dejarlo en un estado deplorable, y hacer unos cuantos cientos de ventas sólo porque puedo escribir una carta de ventas, me encantaría ver cuánta gente regresa y me compra más tarde o promociona mis productos. Nadie querría estar asociado conmigo, no tendría empresas conjuntas, no vendería ningún producto y así sucesivamente. No sólo yo, es como una regla no escrita.

Lo haces bien, o no lo haces en absoluto.

Síndrome del jarrón roto

Después, algo que personalmente me impidió seguir adelante durante un año más o menos. Yo tenía este viejo sitio en funcionamiento que iba bastante bien, considerando que no había aprendido mucho en ese período. No era un sitio pequeño, de ninguna manera. Siempre estaba actualizando, cambiando, embelleciendo, limpiando, ordenando, manteniendo y así sucesivamente. Mientras tanto, alguien que conocí más o menos al mismo tiempo que empecé en el marketing online, sacó tres sitios de la bolsa. Me preguntaba cómo lo hizo. Nos conocíamos de todos modos, así que me dio acceso a sus sitios y me sorprendió. No les faltaba contenido, eran sitios web sólidos y llenos de contenido.

Recuerdo que un día hablé con él y me dijo: "Oye, has estado trabajando en ese sitio durante mucho tiempo, ¿no es así? Sí, lo era, pensé para mí en ese momento, pero echaba de menos el punto. Llega un momento después de lanzar un producto en el que debe tener todo configurado y funcionando correctamente para que pueda pasar a un nuevo producto. Nunca se limite a una y trabaje en ella constantemente durante períodos de tiempo enormes. Si te encuentras haciendo esto, estás haciendo algo mal.

Comprenda que no hay nada de malo en mantener el servicio de atención al cliente para sus productos, pero configúrelo, termínelo y obtenga promoción.

Alise todo lo antes posible y lo mejor que pueda. Esto es especialmente cierto en el caso de los productos basados en información, pero incluso con el software es necesario automatizar y seguir adelante, no dejándolo totalmente atrás, sino dejándolo que se ejecute por sí solo en su mayor parte. Mantén la mente abierta, trabaja en nuevos productos y nuevos proyectos, y no te quedes atascado haciendo una sola cosa durante años mientras tu competencia ha lanzado diez productos y está ganando dinero con ellos, mientras tú sigues con tu sitio original reorganizando su diseño o esquema.

En el momento en que descubrí esto me liberó, y aquí estoy ahora trabajando en una cantidad monstruosa de proyectos con más contactos, una lista más grande y más conocimiento en mi cabeza de lo que nunca imaginé que cabría.

Desafortunadamente, algunas de las personas que conocí en aquellos días no eran tan afortunadas y todavía están en el pre-lanzamiento de un producto que crearon hace cuatro años, ganando no más de lo que ganaron en la primera semana aproximadamente. Cada uno a lo suyo. Te sugiero que mantengas una mente abierta y sepas cuándo es el momento de pasar a cosas más grandes, mejores y nuevas.

Me preocupa que no pueda o no pueda tener éxito

Lo siguiente es algo que no es ajeno a lo que hablamos antes, cuando se trata de evitar las partes sucias, y eso es preocuparse por no tener éxito. Ahora usted puede no ser el tipo de persona que se preocupa por lo que otras personas están pensando o por cómo reaccionarán a sus productos y a las cosas que usted hace, lo cual es fantástico, porque quemará puentes mucho más rápido que nosotros, que odiamos cuando a alguien no le gusta nuestro trabajo. Es por eso que siempre obtendrás lo mejor de todo lo que hago personalmente, pero para aquellos de ustedes que están leyendo y que se ponen un poco nerviosos cuando se acercan a algo nuevo, esto es para ustedes.

El hecho es que, si usted está en el marketing online o cualquier negocio que he encontrado hasta ahora, tendrá que quemar puentes e intentar algo nuevo de vez en cuando, y llevar a cabo tareas con las que no se siente cómodo o que realmente va a despreciar hacer. Permítanme decirles, como la clase de persona a la que le gusta complacer a todos todo el mundo todo el tiempo, entiendo que no es fácil cuando te encuentras con cosas como esta. Me han insultado, gritado, rechazado, negado, negado, dicho de plano que las cosas que he hecho son basura, inútiles, no funcionan y así sucesivamente. No dudo que obtendré lo mismo en el futuro de gente que no puede molestarse en salir y probar estos métodos, ¿y sabes qué? Si aún no has experimentado todo esto, déjame decirte ahora que lo harás.

Qué manera de hacerte sentir mejor, ¿eh? Bueno, ahora que lo sabes, y estás preparado para ello, tienes que aceptarlo y seguir adelante. Tendrás que encontrar tu propia manera de salir adelante y no desanimarte cuando algo va increíblemente mal. Hagas lo que hagas, siempre presiona para romper nuevos límites y no dejes que nada te desanime porque lo que no ves cuando la gente te dice que gana 20 mil al mes es que ellos también están recibiendo esto. Todos y cada uno de ellos.

Ya sea de su lista, de un extraño cliente o de alguien que tiene un mal día. Lo encontrarás, así que prepárate para superarlo ahora y estarás bien. Aquellos de ustedes más relajados que no se dejan mellar por esas cosas, genial. Sigan avanzando.

El conocimiento es realmente poder

A continuación, tenemos los conocimientos más importantes. El conocimiento es poder, después de todo, y sin él todos estaríamos condenados e inútiles en casi todo. Bueno, ya no tienes que preocuparte por no tener el conocimiento porque todo está cubierto en esta guía para este método en particular, pero sí quiero que te asegures de que lo estás usando. Toda la guía de compra tras guía, tras guía, tras guía se está pasando un poco de la raya para algunas personas con las que he hablado en el pasado. Diez, veinte, treinta o más libros electrónicos leídos. Afirman que lo han leído todo pero que aún no han alcanzado su sueño de hacer fajos de dinero todos los meses.

Como ya hemos discutido esto puede ser por muchas razones. Puedes tener todo el conocimiento del mundo, pero no hará nada a menos que tomes lo que has aprendido y lo pongas en buen uso. No te conviertas en una de esas personas, porque no te llevará muy lejos, y al final vas a terminar frustrado, aburrido y quebrado.

El Imán Freebie

A continuación tenemos el imán de regalo. Viendo que cualquiera que lea esto lo habrá comprado, dudo mucho que esto se aplique, pero quiero estar seguro de atrapar a alguien aquí mismo y eliminar estos problemas antes de que empiecen.

Esto viene en muchas formas, pero quiero hablar de esto en general y no de algo específico como en las otras secciones. Así que cosas gratis. A todos nos gusta algo por nada, pero hay personas que se pasan de la raya buscando ofertas gratuitas. Alojamiento gratuito, promoción gratuita, diseño web gratuito, redacción de textos de venta gratuitos, etc. Simplemente no funciona. No conseguirás nada si estás buscando todo lo que es gratis.

Por supuesto, compare precios si puede, pero cuando se trata de los fundamentos de su negocio, sus scripts, su hosting especialmente, no vaya con la opción gratuita porque la calidad sufrirá, y sus clientes podrán ver eso también, que es algo que definitivamente queremos evitar.

Dudo mucho que muchos de ustedes estén aquí comprando un producto así que no me detendré. Pensé que era mejor cubrirlo por si acaso y para futuras referencias.

Así que rápidamente avanzamos y chocamos contra una pared que sufren muchos vendedores por ahí.

Nunca por tu cuenta

Esto me lleva al siguiente punto y es que no intentes hacer todo por ti mismo. Un gran error que muchos vendedores hacen es que deciden que quieren todos los beneficios para sí mismos y tratan de hacer todo por su cuenta.

Todo esto está muy bien si quieres ganar un par de miles de dólares al mes quizás pero si quieres superar eso necesitas expandirte un poco. Eso no quiere decir que usted tiene que ir por ahí asociándose en cada uno de los sitios que usted crea, pero sí significa que necesita pensar un poco más acerca de trabajar en equipo siempre que sea posible.

Las sociedades son un ejemplo y usted estará dividiendo las ganancias 50/50.

Sin embargo, digamos, por ejemplo, que ambos tienen la misma cantidad de recursos para obtener su promoción a través de diferentes contactos y cada uno de los otros listas, afiliados, Jv's y clientes, mezcla en un poco de su experiencia y usted terminará haciendo la misma cantidad de dinero en efectivo de todos modos si las cosas están muertas incluso. Sin embargo, lo que obtendrá son el doble de visitantes, el doble de personas en su seguimiento, y el doble de sus afiliados agregando el cincuenta por ciento de sus ingresos totales del producto para empezar. Encima de eso usted estará jalando el doble de los recursos para promover en el futuro.

Así que es importante empezar a trabajar en equipo. No te preocupes si aún no tienes a nadie con quien trabajar en equipo. Después de tus primeros productos empezarás a ver a algunos contactos aterrizar en tu regazo con los que podrás unirte más tarde. Hay otro ejemplo de esto y es cuando la gente no quiere conceder comisiones de afiliados porque no quieren perder dinero en efectivo. Puedo entenderlo totalmente si ya tienes una gran cantidad de recursos, pero cuando no tienes ese tipo de poder de promoción en tu haber, los afiliados son el camino a seguir.

Los afiliados, sin embargo, están aquí para quedarse, y serán la diferencia entre su 1k al mes y sus 20k al mes y más.

Recuerde, los afiliados están haciendo ventas que es probable que usted no hubiera hecho de todos modos, por lo que no hay nada malo en concederles más de que las ganancias que estás ganando por venta. Si tienes un problema al hacer esto vas a tener que luchar, así que, si esto realmente no es algo que quieres hacer, tómate un tiempo y comprueba cuánto estarías ganando si dieras el 60%, por ejemplo, diez afiliados haciendo un número particular de ventas de tu producto además de tus ventas personales. Usted debe comenzar a ver cuánto más rentable es esto que tratar de hacerlo solo, lo que consume tiempo y es costoso, reduciendo sus ganancias en gran medida a menos que utilice estos recursos para la influencia que necesita para hacer de su equipo de promoción de una persona en un equipo de promoción de diez, cien o incluso más de mil personas. Es en esta etapa que este punto realmente comienza a aclararse.

Así que ahí lo tenemos. Las principales razones por las que creo que se interponen en el camino de los objetivos de los profesionales del marketing e impiden que tengan éxito. ¿Ves alguno de estos en ti mismo? Si lo hace, quítelos o arréglelos. No importa cómo lo hagas, sólo asegúrate de hacerlo, porque ellos te detendrán y en todos los ejemplos anteriores te impedirán tener éxito a menos que puedas superarlos.

Es un hecho que nosotros, como vendedores en línea como he mencionado antes, tenemos que ser multi-hábiles. Cuando entras en la escena es muy, muy raro y poco probable que tengas todo lo que necesitas para tener éxito, y habrá muchos problemas, paredes y obstáculos que tienes que superar personalmente antes de que puedas hacer un éxito de esto. Verá, nosotros, los profesionales del marketing, somos todas unas pequeñas cajas de la versatilidad, (usted incluido). Esta es la herramienta más poderosa de todas las que tenemos a nuestra disposición y nos hará triunfar a todos. Desafortunadamente tan bueno como lo es para aquellos de nosotros que entendemos esto, es perjudicial para aquellos que no lo entienden, y seguirán comprando guía tras guía, frustrándose y fracasando hasta que

o renuncian, o aprenden esto.

Bueno, espero que hayan disfrutado de este informe. De hecho, es la más negativa de todas, y prefiero concentrarme en el éxito en lugar de en por qué la gente fracasa. Desgraciadamente, había que hacerlo y era demasiado importante como para dejarlo fuera y no contarlo. Terminaremos aquí ahora, pero antes de hacerlo, sólo quiero tomar nota. Si nada de lo anterior se aplica a ti ahora mismo, eso es genial. Aproveche los conocimientos contenidos en este informe, póngalo en práctica y espero ver cómo muchos productos exitosos provienen de usted. Sin embargo, tenga cuidado, sólo porque usted no tiene estos problemas en este momento, usted puede desarrollar cualquiera de ellos más tarde. No olvides lo que acabas de leer y lo harás bien.

Resumen

• Saludos, bienvenidos a la sección donde discutiremos por qué algunas personas son exitosas y otras no, a partir de los factores principales que llevaron a los fracasos y éxitos de todas las personas que conocí personalmente en el camino. Eso vino y se fue, que fracasó y renunció, que tuvo éxito y renunció a sus trabajos y compró casas ridículamente grandes y coches caros.

• Hay muchas razones diferentes para el éxito, y cada uno es diferente, pero en lo que me gustaría concentrarme ahora son dos preguntas simples que hago a casi todos los que conozco cuando alcanzan la cima de su marketing, ya sea el éxito o el fracaso. ¿Por qué crees que no lo lograste? Y por supuesto, ¿por qué crees que lo lograste? Te sorprenderías de los resultados, seguro que sí. Veamos esta información ahora.

• Lo primero de lo que me gustaría hablar es de su elección de la compra de guías.

Esta no se aplica tanto ahora, ya que tienes esto en tus manos, pero definitivamente es algo que me gustaría que tuvieras en cuenta en el futuro.

• Con demasiada frecuencia, cuando la gente está empezando, me dicen que han estado leyendo este libro electrónico gratuito o que han visitado este sitio gratuito. Han sacado un montón de información de él, y lo que les estoy diciendo que hagan, y lo que otros vendedores les están diciendo que hagan contradice lo que les han dicho dondequiera que estuvieran antes. La regla general es que cuanto más se gasta, más se gasta, mejor te va a ir.

• No niego que los cursos pequeños y los cursos baratos pueden ser útiles, y no estoy diciendo que lo que les estoy enseñando aquí es el ser todo y terminar toda la información y la única manera de ser un éxito, pero entiendan que si quieren una guía que realmente les muestre información de marketing sólida, alguien no va a revelar todas sus mejores tácticas de forma gratuita.

● Así que mi consejo es que siempre busques productos de primera calidad si quieres la historia completa. Dudo que alguien considerara la venta de una guía que costara más de quinientos dólares si todo fuera de mala calidad. Sería devastador para su negocio, y no es algo que los compradores olvidarán a toda prisa. Del mismo modo, si tienes amigos o haces contactos que dependen de pequeños libros electrónicos para su información de marketing, hazles saber que los productos Premium son el camino a seguir. No necesariamente esta guía, no estoy tratando de conseguir que usted vaya a vender para mí, pero cualquier vendedor bien conocido con un producto de primera calidad es su mejor apuesta si quieren aprender cosas nuevas y técnicas serias. Recuerde que no es difícil venderlos, simplemente apúntelos en la dirección correcta de una manera amigable. Lo mejor para usted es que sus contactos de marketing y clientes tengan éxito.

• Pasando a la segunda cosa que personalmente he visto e incluso experimentado, que estuvo muy cerca de añadirme a la lista de los que no lo lograron, y es que ya tienes toda la información y el saber hacer, pero no te das cuenta, y por lo tanto no te sientes cómodo poniéndolo en acción por una razón u otra.

• Mi experiencia personal de esto fue un poco chocante. Me gasté algo más de mil dólares en comprar un producto de grandes vendedores que decía revelar todos sus secretos. Al leer me encontré pensando, oye, este tipo sabe mucho, gana un montón de dinero, pero ya sé literalmente todo lo que me está diciendo. Me encontré añadiendo más a sus consejos en mi mente mientras leía, algo así como inconscientemente diciendo: 'Oye, te perdiste un poco'.

• En este punto me di cuenta de que era hora de empezar a avanzar y a tomar medidas. El período de aprendizaje inicial había terminado. Esté atento a esto porque es posible que descubra que sabe más de lo que piensa, y que su éxito podría ser sólo cuestión de que usted se zambulle y ponga en acción con confianza todo lo que ha aprendido.

• Además, el paso del trabajador al jefe no es lo más fácil de hacer, un malentendido común, y algo más que me llevó durante un tiempo en el 2002. La forma en que me golpeó este fue que un amigo vino a mí y me dijo: 'la próxima vez que trabajes en tu negocio, o hagas un trabajo grande, registra cuánto tiempo pasas haciéndolo y cuánto haces, y luego repórtalo conmigo, y él me garantizó que podría triplicar esto con un simple cuarto de hora de trabajo fácil. Hice lo que ella me dijo, y cuando regresé ella demostró cuánto tiempo estaba perdiendo, escuchando las noticias, hojeando canciones para escucharlas mientras estoy trabajando, recogiendo comida, hablando con algunos amigos, haciendo llamadas y así sucesivamente.

• Así que aquí está la cosa. Cuando trabaje, trate de mantener un horario si eso es lo suyo, un conjunto de metas para el día en formato de lista, o en el mismo lugar de trabajo por lo menos mantenga un registro de la cantidad de trabajo que está haciendo y elimine las distracciones por completo. Suena menor, lo sé, pero inténtalo y verás cuánto más puedes hacer cuando escribas tus informes. Ser perezoso no tiene nada que ver. Se trata de esa transgresión de estar en control total. No dejes que nadie te lo diga nunca, porque es fácil, porque se necesita acostumbrarse a ello.

• Echando un vistazo a mi escritorio ahora, tengo mis auriculares puestos con una lista de reproducción en marcha, tengo mi teclado, un reloj y un vaso de agua helada. Eso es todo. Es increíble cómo pasa el tiempo y cómo la calidad del trabajo se ve afectada por las distracciones. Eliminarlos y prosperar.

• Pasando de las distracciones la siguiente cosa de la que quiero hablarles es de evitar las partes sucias, una forma de pensar que está en mi experiencia afectando a casi todos los vendedores en sus primeros seis meses de marketing en línea duro y serio.

• ¿Alguna vez has aprendido algo nuevo y has pensado para ti mismo, ah bien, puedo saltarme esta parte y hacerlo más tarde, o no es así como me imaginé que sería? Le pasa a todo el mundo, y cuando tienes una imagen predeterminada de cómo debería ser algo en tu cabeza, es difícil hacer algo que no disfrutas totalmente. Es aún más fácil evitar las cosas cuando usted tiene el control total, como con su propio negocio.

• Por ejemplo, cuando empecé en el marketing online pensé que se trataba de publicar anuncios pagados, crear productos y cobrar. Por supuesto que no funcionó así, y resulta que tirar de la nueva Junta

Las aventuras y el primer contacto con la gente no es mi fuerte, mientras que el lado creativo y la creación de productos sí lo es. ¿Qué pasaría si los JV's fueran totalmente ignorados, o si yo hubiera editado las técnicas que aprendí en mi mente hasta hacer sólo las cosas que más disfruto? Bueno, personalmente habría vuelto a vender cosas de otras personas bastante rápido.

• Así que lo primero que me gustaría que hicieras ahora es abrir tu mente, y preguntarte a ti mismo, "¿hay algo que haya estado evitando hacer porque no encaja en mis pre-concepciones de lo que es dirigir un negocio y el marketing online?

- Profundice y responda con sinceridad, porque es posible que ya tenga la clave que necesita para tener éxito. Es posible que no lo sepas porque ha sido colocado en el fondo de tu mente como algo que no quieres hacer en particular, o eliminado de tu base de conocimiento personal porque es algo que no estás preparado para hacer. Si encuentras una respuesta a esa pregunta, ponla en tu mente, escríbela si tienes un diario y recuérdala. Además, si encuentras algo que no has estado haciendo o evitando, consciente o inconscientemente, después de encontrar la respuesta y escribirla, téngalo en cuenta. Su situación no cambiará a menos que usted la cambie.

• En una nota personal para ti, tómalo de mí, incluso si hay aspectos que no disfrutas tanto como otros, si los enfrentas de frente y los atacas con toda tu fuerza encontrarás que, a medida que tu negocio se desarrolla, tu trabajo se vuelve más y más fácil y ya no es tan doloroso arreglar esto. Mi primer contacto en una empresa conjunta, por ejemplo, es algo que no me gusta, pero ya no es necesario, porque la gente viene a mí. Tuvo que ser enfrentado a llegar a este punto y te aconsejo que profundices y hagas lo mismo.

Es muy probable que te sorprendas a ti mismo.

• Ok, pasar de nuevo a algo que yo personalmente experimenté y probablemente una de las mayores caídas que he visto a mi alrededor, en el pasado y sin duda en el futuro también, y que es el apego a un producto.

• El mejor ejemplo que se me ocurre es cuando tenía en marcha este viejo sitio. No es un sitio pequeño de ninguna manera. De todos modos, yo estaba constantemente actualizando, limpiando, ordenando, manteniendo y así sucesivamente. Mientras tanto, alguien que había conocido unos meses antes había sacado tres sitios de la bolsa, y estos eran sitios serios, llenos de contenido.

• Un día me dijo: 'Oye, llevas mucho tiempo trabajando en ese sitio, ya debe ser bastante grande'. Me llevó un tiempo darme cuenta de por qué había algunos de nosotros que seguíamos adelante y otros que no logramos tener éxito, y fue sencillo. Ahora no hay nada malo en mantener el soporte al cliente en funcionamiento y actualizar un sitio de vez en cuando, especialmente si es un sitio de membrecía, pero hay dos cosas importantes a tener en cuenta. En primer lugar, no te dejes llevar por los cambios, la belleza, la adición, etc. En segundo lugar, no intentes ser todo para todos. Si ya tienes clientes satisfechos, eso es genial. Su producto es bueno, es hora de dejar de intentar arreglarlo y dedicar ese valioso tiempo a crear múltiples productos y desarrollar nuevas ideas. Es la única manera de avanzar y aprender.

- En el momento en que descubrí esto me liberó. Aquí estoy ahora trabajando en una gran cantidad de informes, sitios, scripts, con una lista más grande, mejores recursos, más conocimiento y experiencia, más poder de promoción, más contactos y, curiosamente, más tiempo libre. Si quieres estas cosas también, recuerda, nunca dejes de desarrollarte y de avanzar. Mantener el servicio al cliente al día es una cosa, pero regresar constantemente y alterar sus ideas no es la mejor manera de hacer las cosas. Vivir y aprender, y seguir adelante.

• Sólo para darte una idea de lo poderoso que es esto por sí solo, aquí tienes un ejemplo de la vida real. Cuando empecé conocí a dos personas diferentes. Uno ya tenía su propio sitio y otro se unió como miembro de ese sitio y aún no había creado sus propios productos. El que tiene el sitio es hoy, seis o siete años después, trabajando en ese mismo sitio, todavía tiene un trabajo de tiempo completo y aunque el sitio es masivo y lleno de todo lo que se podría pensar en su campo de especialización, no ha hecho mucho progreso. El tipo que se unió a este sitio como miembro creó sitios, creó contenido, productos, aprendió, siguió adelante, aprendió, siguió adelante, constantemente empujó sus límites. Me dijo ayer que ahora ha renunciado a su trabajo y que está ganando un promedio de 800 dólares por día y que va a duplicarlo en el transcurso del año. Este aspecto podría ser la diferencia entre tu fracaso y tu éxito total.

• Pasemos al siguiente aspecto de la preocupación por no tener éxito.

Muchas personas parecen desarrollar esto con el tiempo y ya han decidido si van a tener éxito o no.

● Ahora usted puede no ser el tipo de persona que se preocupa por lo que otras personas están pensando o cómo reaccionarán a sus productos y a las cosas que usted hace, lo cual es genial, porque usted quemará puentes mucho más rápido que nosotros que odiamos cuando a alguien no le gusta nuestro trabajo. Es por eso que siempre obtendrás lo mejor de todo lo que hago personalmente, pero para aquellos de ustedes que están leyendo y se ponen un poco nerviosos cuando se acercan a algo nuevo, esto es para ustedes.

• Saquemos todo esto a la luz ahora mismo, ¿de acuerdo? Si sigues por este camino, en ocasiones experimentarás lo siguiente. Te gritarán, experimentarás cosas que te hacen sentir incómodo (es decir, el cambio), te tomarán juramento, te maltratarán, te llamarán mentiroso, agarrador de dinero, te rechazarán, te negarán, te denigrarán, te despreciarán, te dirán que tu trabajo es chapucero, malo o no está a la altura de las normas, y que la nueva idea que tuviste no funcionará nunca. No importa lo bueno que sea tu trabajo, esto es inevitable, ya sea de aquellos que no entienden tu trabajo, de un cliente frustrado, de alguien a quien no le gustó recibir un anuncio tuyo o de alguien que hizo que su amigo lo suscribiera a tus cosas. Sea lo que sea, sea tu culpa o no, sucederá.

• Vamos a dejar algo claro para uno. Diriges tu negocio de la forma en que quieres hacerlo. Es su negocio, usted está haciendo el trabajo, creando los productos, comprando las guías, cosechando las recompensas. Nunca, bajo ninguna circunstancia, permita que un cliente abusivo, un amigo negativo, un miembro de la familia o un cliente frustrado que se desquite con usted, lo depriman o lo desanime para que pruebe algo nuevo. Construye nuevos puentes, escucha los consejos de la gente a lo largo del camino, pero ten confianza, sé determinado, y físicamente hackea y corta tu camino hacia el éxito si tienes que hacerlo. Esto no es desesperación, esto es pura determinación. No ignores los consejos, pero aplana cualquier obstáculo en tu camino, gana terreno nuevo todo el día todos los días, y encontrarás que en realidad se necesita más esfuerzo para que no lo hagas que lo que se necesita para hacerlo.

• Finalmente, hay una cosa más que me gustaría decir abiertamente acerca de ser un éxito. Eso es hacer todo por tu cuenta. Algo que muchos vendedores, que inician su propio negocio, les gusta hacer simplemente porque es un cambio de sus trabajos, y no tienen nada más de qué preocuparse, excepto los clientes. O esto o creen que perderán en el lado de las ganancias si involucran a alguien más en un trato.
Totalmente lo contrario es cierto.

• Eso no quiere decir que tenga que ir por ahí asociándose en cada uno de los sitios que cree, pero sí significa que tiene que pensar un poco más en trabajar en equipo siempre que sea posible.

• Las asociaciones son un ejemplo, pero usted dividirá las ganancias al 50%.

Digamos, por ejemplo, que ambos tienen la misma cantidad de recursos para hacer llegar su promoción a través de diferentes contactos y listas de cada uno, afiliados, JV's y clientes. Mezclar en un poco de su experiencia y usted terminará haciendo la misma cantidad de dinero de todos modos si las cosas están muertas incluso. Sin embargo, lo que obtendrá es el doble de visitantes, el doble de personas en su seguimiento, y el doble de sus afiliados agregando el cincuenta por ciento de sus ingresos totales del producto para empezar, y además de eso usted estará tirando en el doble de los recursos para promover en el futuro.

• No te preocupes si aún no tienes a nadie en tu lista de contactos y empiezas desde el principio, una vez que hayas lanzado tus primeros productos tendrás. Haz que tu negocio sea trabajar en equipo.

Háganse mutuamente exitosos llenando los vacíos en sus conocimientos y habilidades con otra persona y permítanle hacer lo mismo a cambio. Tendrás más éxito de lo que pensabas que era posible con el producto en el que trabajas y, debido al aumento de recursos, también con productos futuros.

• Eso es todo por esta sección. Algunos de los datos más pequeños, pero también los más importantes, todos tomados directamente de las experiencias reales que hemos tenido aquí. Aproveche los conocimientos contenidos en este informe, póngalo en práctica y espero ver cómo muchos productos exitosos provienen de usted. Pero ten cuidado. El hecho de que usted no tenga estos problemas en este momento, puede desarrollar cualquiera de ellos más adelante.

No olvides lo que acabas de leer y lo harás bien.

Cómo mantener saludables sus recursos más poderosos. A ti mismo (Objetivos de la sección)

• Para ver y poner en marcha medidas preventivas para evitar molestias físicas o daños a largo plazo que se pueden hacer a través del desgaste general de los negocios en línea todos los días, y para cuidar de su recurso más importante de todos. Tú.

• Examinar la técnica de mecanografía y cómo puede mejorarse rápida y habitualmente para evitar daños a largo plazo en las manos, la parte inferior de los brazos y las muñecas.

• Para ver los accesorios que pueden ayudar a prevenir daños a largo plazo en sus manos, brazos y muñecas

• Estudiar técnicas y hábitos que se pueden utilizar para evitar la interrupción y la degradación de la visión cuando se está sentado frente a la pantalla de un ordenador durante largos períodos de tiempo.

• Examinar la comodidad de su entorno físico y evitar que se produzcan daños en su cuerpo durante largos períodos de tiempo sentado.

• Para echar un vistazo a lo que te rodea, y cómo utilizarlo en tu beneficio para evitar que te enfermes a través del trabajo y otros peligros para la salud.

• Examinar los problemas psicológicos básicos que pueden surgir a corto plazo a través de la gestión de su negocio diario, y cómo evitarlos, manteniéndose fresco, concentrado y libre de estrés.

Cómo mantener saludables sus recursos más poderosos. A ti mismo

Nota importante: No somos médicos calificados. Estas técnicas han sido desarrolladas a través de la experiencia personal, y usted siempre debe ir a ver a un médico o doctor antes de llevarlas a cabo, o si tiene dudas sobre su salud y quiere más consejos.

Como propietarios de negocios en línea nosotros mismos sabemos muy bien que los efectos negativos pueden ser causados sobre nosotros mismos a través de lo que hacemos. Sentarse frente a las pantallas de los ordenadores, a veces durante largos periodos de tiempo, sentarse en la misma posición durante largos periodos de tiempo, haciendo decenas de miles, incluso cientos de miles de pulsaciones de teclas al día puede hacer estragos. Dirigir su propio negocio de un día para otro puede tener consecuencias cuando no está preparado o no sabe cómo separarse de su lugar de trabajo al final del día, todo lo cual puede conducir fácilmente a cualquier cosa, desde problemas óseos hasta la pérdida del sueño.

En esta sección, por muy extraño que sea para un informe de marketing online, vamos a analizar algunas de esas causas, y lo que hacemos regularmente para eliminar o negar el daño que se está haciendo, y vamos a darle algunas de las técnicas que usamos personalmente para que usted pueda ponerlas en práctica por sí mismo.

Este tema parece un poco tabú por alguna extraña razón.

Como nota adicional antes de comenzar, tengo que señalar que no somos médicos, psicólogos o médicos calificados. Lo que recibes aquí es nuestra experiencia personal. Antes de intentarlo, consulte a una autoridad competente y plenamente cualificada en la materia.

Muy bien, vamos a ello. Lo que vamos a hacer es dividir esta sección en pequeños segmentos donde detallaremos un problema, los efectos a largo plazo y lo que hacemos para asegurarnos de que nuestros cuerpos y mentes no se vuelvan locos y limitar el daño causado por cada factor. Debo recalcar, vaya y vea a alguien calificado antes de usar cualquiera de estos métodos ya que estos pueden tener diferentes efectos en diferentes personas.

Número uno - Lo primero de lo que me gustaría hablar es de sus manos, brazos y muñecas. Estamos sentados aquí escribiendo todo el día durante muchos días de la semana. El constante golpeteo de las teclas del teclado puede ser muy beneficioso para nuestra salud a veces. Si tienes dolores o torceduras en los brazos y las muñecas, ya sea durante o dentro de las veinticuatro horas de escribir a máquina, es una señal de que tenemos que arreglar las cosas ahora, antes de que empeoren o se conviertan en un problema irresoluble.

(Soporte para la muñeca)

Hay un par de métodos que uso personalmente para prevenir esto. El primero de los cuales es un juego de muñequeras deportivas ligeras. No son tablillas, pero tienen una textura muy ligera y esponjosa. No los uso mientras escribo, ya que pueden restringir ligeramente el movimiento y empeorar aún más el problema, pero los uso durante unas horas después. Debido a su efecto de calentamiento y la promoción de la circulación dentro de sólo una semana de usarlos durante una hora más o menos al día, detuvo cualquier pequeño dolor o gemido.

Me estaba cansando de escribir las miles de palabras cada día durante varios meses. Muy práctico y vale la pena comprobarlo. Asegúrese de que sus soportes no estén entablillados y cubran toda la muñeca. Además, siempre compra una talla más grande de la que crees que necesitarás. La forma en que estas cosas abrazan tu brazo, es importante que no estén demasiado apretadas, de lo contrario pueden terminar haciendo lo contrario de lo que se supone que deben hacer. Del mismo modo, no los apriete demasiado.

(Escribiendo Posición y Reposo)

El siguiente paso es escribir la posición y los descansos que se han convertido en la moda últimamente tanto para el ratón como para el teclado. Desafortunadamente, la mayoría de las personas los usan de manera incorrecta, posiblemente causando daño a sus muñecas y brazos. Si usted comprueba realmente hacia fuera las instrucciones y cualquier guía que mecanografía refutable, o aún las instrucciones que vienen con sus restos, deben ser utilizadas solamente cuando usted no está mecanografiando. Usarlas mientras escribe hace que se estiren aún más las muñecas, lo que las somete a un esfuerzo excesivo durante períodos de tiempo a veces prolongados.

Quiero que intentes un experimento ahora mismo. Ve a abrir un nuevo documento de texto, y en tu posición normal, escribe cuatro o cinco líneas, y presta atención a cómo se siente. No cambies nada en este momento, sólo inténtalo y observa.

Cuando haya terminado con eso, abra un segundo documento y escriba otras líneas, pero esta vez, levante las muñecas y las manos del teclado y vea lo relajado que se siente en comparación con el otro método. Probablemente también se dará cuenta de que sus brazos se cansan a menos que usted levante los hombros y se siente un poco más derecho en lugar de encorvarse, mejorando tu postura al mismo tiempo. Inténtalo ahora, a ver qué se siente. Podría valer la pena repetir esto durante una semana más o menos en todo su trabajo hasta que se convierta en hábito. Como puede sentir inmediatamente, la tensión en sus muñecas se reduce drásticamente.

(Pausas regulares)

A continuación, es algo que todo el mundo le dice que haga, incluso su familia y amigos lo más probable es que si lo ven en la computadora durante largos períodos de tiempo, y eso es para tomar descansos regulares. Cuando digo regular, no me refiero a cada cuatro o cinco horas, lo cual es tan fácil de hacer cuando te ves envuelto en una pieza de trabajo como estoy seguro que ya lo has notado, pero por un minuto más o menos de cada veinte minutos. Son sólo tres minutos por hora, pero sus efectos positivos definitivamente valen la pena. Aumente este tiempo si lo desea, no hay nada que le impida hacer esto y luego tome cinco minutos adicionales al final de cada hora. Una cosa que diré además de esto, no tire y agarre, y estire y doble las muñecas cuando se tome este descanso. Se supone que quita la presión y no es un ejercicio extra. Ya tienen suficiente de eso cuando se les pone a trabajar en el teclado.

(Ve a ver al doctor)

Por último, si tiene alguna duda, necesita más información, o está teniendo dolores donde no debería haberlos, vaya a ver a un médico. Puede parecer un montón de problemas por nada, pero ¿de qué sirve tener un negocio exitoso si no estás en buena salud para disfrutarlo?

Número Dos - Muy bien, en segundo lugar, tenemos problemas de visión.

Hay varias formas que esto puede tomar, desde la visión borrosa a corto plazo después de que largos períodos de mirar fijamente la pantalla, riego excesivo, o una sensación de ardor al levantarse por la mañana y cualquier forma de mareo.

Todos los signos que son a las menos molestias, y en el peor de los casos; problemas que necesitan ser resueltos antes de tiempo para que no se produzca ningún daño a largo plazo.

(Pausas cortas regulares)

Lo primero que debe hacer para evitar que esto suceda es, por supuesto, tomar descansos regulares de nuevo! Un minuto cada veinte, cinco minutos cada hora, depende de ti. Esto es asunto tuyo ahora. No tienes un jefe que te diga que mires una pantalla doce horas al día con sólo una o dos pausas entre ellas, aunque sepas que hacerlo no es saludable. Encuentra el equilibrio adecuado para ti y cíñete a él. Mientras lo haces, concéntrate en algo lejano por un tiempo. Siempre encuentro que si me he visto envuelto en un montón de trabajo y me he detenido después de muchas horas, hay una especie de miopía parcial a corto plazo después de toda esa mirada. No es saludable. Concentrarse en algo lejano por un tiempo ayuda a deshacerse de él, pero tomar esos descansos regulares y prevenirlo por completo es una opción mucho mejor.

(Ve a ver al doctor o al óptico)

Por último, si tienes problemas a largo plazo, o un problema que excede un punto de gravedad en particular, es hora de ir a ver a un óptico o a alguien cualificado para que te cure.

Número Tres, tenemos dolores de espalda o rigidez, especialmente en la parte baja de la espalda o los hombros. Es posible que ésta pueda ser fácilmente su postura y su comodidad general cuando está sentado en su lugar de trabajo.

Un gran ejemplo de esto es cuando me mudé a este lugar. Cuando entré, todo lo que había para sentarse era una silla de madera. Deseoso de seguir adelante con este negocio, antes de desempacar cualquier otra cosa, o de comprar muebles nuevos, pasé un día, tal vez un día y medio sentado en esta silla. Te diré, me dolió la espalda durante días y me alegró volver a la normalidad. Así que si está sentado en una silla incómoda que le hace sentir como si hubiera dormido en una posición extraña, podría ser el momento de invertir en una silla de oficina grande y reclinable, con asientos acolchados y un respaldo alto. No cuestan mucho hoy en día y valen la pena la inversión.

Añada a esto una buena cantidad de caminar durante su descanso, una buena postura, ayudado por la posición de la que hablamos anteriormente cuando hablamos de la técnica de mecanografía, y usted tiene una gran combinación para muchos días de trabajo cómodo.

Número Cuatro, ahora aquí hay una cosita con la que tuve que lidiar yo mismo, saliendo literalmente de un trabajo estándar de nueve a cinco años, convirtiendo mis esfuerzos en trabajar en casa, pasando muchas horas en la computadora tratando de entender todas estas técnicas de mercadeo que ves delante de ti. Hacer ese cambio no es tan fácil como parece. Mis amigos solían decirme: "Oye, tienes suerte". Usted gana más dinero del que probablemente yo gane en los trabajos que busco, usted puede trabajar cuando quiera y por el tiempo que quiera, y hacer lo que quiera cuando quiera. Por supuesto, hasta que no han experimentado esto por sí mismos, no se dan cuenta de que no es tan fácil. Incluso los propietarios de negocios que utilizan una oficina pueden volver a casa al final del día y olvidarse de su trabajo, pero nosotros como vendedores en línea son diferentes.

La computadora y tu trabajo siempre están ahí, frente a ti.

Es muy fácil pasar por delante del ordenador y descubrir una hora más tarde que has estado pensando en ideas de negocio en lugar de disfrutar del tiempo fuera que habías planeado. Puede afectar la concentración y la suspensión, especialmente si el equipo y las herramientas empresariales se encuentran en un lugar destacado de la casa. Así que este es el asunto. Para ayudarle a desconectarse al final del día, saque esa computadora de su dormitorio y de su área de dormir si está ahí. Si tienes una habitación libre, ¿por qué no convertirla en una oficina si aún no lo has hecho? Puede que te permita sacar tu ordenador y tus cosas de la vivienda principal, para que cuando vayas a relajarte, realmente te estés relajando y lo dejes atrás al final del día.

El método de atar los extremos perdidos y desconectar es uno que realmente me ayudó antes de que pudiera retirar mi trabajo de mi vivienda principal, de ahí las razones por las que hemos estado haciendo eso desde el comienzo del curso en un hábito que se forma a través de la repetición.

Número Cinco, aquí hay algo sorprendente que descubrí hace poco más de ocho meses. ¿Sabía usted que el espacio de oficina promedio contiene treinta veces más bacterias que el asiento del inodoro promedio? Eso es bastante maniático, pero puedo ver cómo sucede. Tomar algo de comida, o un trago después del trabajo, salir a fumar, un par de tragos por el lugar, algunas mejoras en la computadora aquí y allá. Ya sabes cómo es esto.

Sé que personalmente mi escritorio de la computadora ve casi cada parte de mi vida, y debido a eso, recibe un buen anti-bac sólido cada noche después de que he terminado con él. Por razones de salud general, puede ser bueno tirar una lata de spray anti bac o un paquete de toallitas para que pueda limpiar rápidamente para la mañana siguiente, incluyendo el ratón y el teclado especialmente Las latas de aire comprimido para su teclado también son imprescindibles.

Usted puede conseguir estos de muchas tiendas de suministros de oficina de buena reputación.

Número 6, moviéndose a dolores en las piernas. Algo que puede ocurrir por varias razones. A los que me refiero ahora mismo se deben a la mala circulación. Un pie adormecido, dolores en la pantorrilla y espasmos podrían estar relacionados con la disposición de los asientos. Otra buena razón para que te compres una buena silla con una buena amortiguación detrás de las rodillas. Es realmente una prioridad si vamos a mantenerlo cómodo y todo en buenas condiciones de funcionamiento.

Además de esto, levántese y salga a caminar cada vez que se tome un descanso. Mientras tanto, usted puede estar tomando un trago, enfocándose en algo más lejos para re alinear sus ojos si es necesario. Es realmente beneficioso. Debo decir también, que esto es muy difícil de hacer. Estoy acostumbrado a hablar de marketing y negocios online, no de lo que tú haces a diario y de cómo vives tu vida, así que si parece que estoy haciendo algo más que transmitirte información de mi investigación como vendedor online, entonces me disculpo. Eso es todo lo que es, un poco de información útil para mantenerte en óptimas condiciones, dejando tu mente libre para que tu negocio sea un éxito.

Eso es todo. Eso es todo lo que hay que hacer. No va a haber una sección de resumen para la comercialización en línea saludable, porque todos estamos tan apuntados como podemos ir con esto.

Número Siete, y finalmente, cualquier otra preocupación o problema de salud que pueda tener. Ve a ver al doctor, al médico, al psicólogo, a quien pueda ayudarte.

La solución de problemas es una parte importante del negocio, al igual que la prevención de daños mediante el establecimiento de medidas de precaución. ¿Están los suyos en su lugar o se están haciendo daño a sí mismos mientras hablamos? Un dueño de negocio sano es igual a un negocio sano.

Unas últimas palabras (Objetivos de la sección)

• Repasar y reiterar algunos de los puntos más importantes que se le han planteado a lo largo del curso, a saber, las razones más importantes por las que tendrá éxito y las razones más importantes por las que no podrá alcanzar sus objetivos, y hablar sobre cómo aprovecharlas.

• Para discutir el estado de ánimo adecuado para el éxito del negocio, y mostrarle cómo utilizar esta información para emular el éxito y, en última instancia, llegar usted mismo en el período de tiempo más corto posible.

• Reiterar la importancia de mantenerse saludable. Un dueño de negocio saludable significa una oportunidad mucho mayor de tener un negocio saludable.

• Volver a visitar el ejercicio de formación de hábito de tomar sus quince minutos después de cada día de trabajo, para mostrarle ahora lo que ha logrado al hacerlo a lo largo del curso, donde otros que no lo hicieron probablemente habrán fracasado.

• Para hablar más sobre el desarrollo de su negocio, el tiempo que va a tomar, y las señales positivas que verán, y que ya deberían haber empezado a experimentar que les muestran que van en la dirección correcta.

• Introducir otros aspectos del marketing online que pueden resultar útiles para seguir aprendiendo en el futuro, y mostrarle que la forma en que hemos hecho las cosas es uno de los muchos métodos que realmente funcionan.

• Para persuadirte a bucear de cabeza todos los días.

Unas últimas palabras

Saludos, y bienvenidos a unas últimas palabras. Esta sección contiene lo que el título sugiere, algunas últimas palabras de nuestra parte, algunos consejos y trucos adicionales y varias maneras en las que usted y su negocio pueden seguir avanzando en esa dirección tan importante. Adelante.

Hemos cubierto tanto en las páginas anteriores. Me gustaría felicitarte si has llegado hasta aquí. Muchos se han dado por vencidos, han decidido que no es para ellos, o simplemente se han ido y han comprado informe tras informe y nunca han actuado en consecuencia, lo cual es una lástima, pero no hay mucho que podamos hacer al respecto sin técnicas de control mental. Olvidémonos de los otros por ahora y concéntrate en ti. Sorprendentemente o no, de lo primero que quiero hablarte es de seguir adelante.

Monitoreo de su éxito

En todo momento quiero que te veas a ti mismo y a tu negocio. ¿Se está moviendo hacia adelante? ¿Qué ha conseguido en las últimas 48 horas trabajando en su negocio? Si estás viendo la misma página en tu pantalla, con el mismo contenido, entonces es el momento de empezar a hacer preguntas y buscar el problema.

No estoy diciendo que tengas que ser súper eficiente todo el tiempo, todos tenemos días buenos y días malos, donde inevitablemente haremos más o menos lo que sabemos que debemos hacer, pero existe este pequeño problema de seguir adelante y hacia arriba que mucha gente parece no poder comprender. Si usted leyendo esto, ya has probado que has captado este concepto, ahora tan sencillo como suena, es asombroso ver cómo la gente hace una de tres cosas.

3 Factores que dificultan el éxito

La primera es que o bien saltan de guía en guía tomando el conocimiento pero sin hacer nada al respecto, y nunca avanzando. Este era yo hace varios años, hasta que me di cuenta de que en realidad tenía todo este conocimiento y sabía en profundidad y a menudo más sobre un tema que el del autor real. Era hora de empezar a hacer preguntas. Resulta que ya tenía todo el conocimiento, pero no lo sabía. ¿Están en la misma situación? ¿Es hora de dejar de leer y empezar a actuar sobre la base del conocimiento que has adquirido?

El segundo es el síndrome del florero roto relacionado con ser proactivo o reactivo. Imagina que te levantas por la mañana y decides que vas a limpiar la casa ese día. Saltas de la cama, te metes en la ducha, desayunas y lavas los platos después, limpias las superficies.

Ya has mejorado la cocina limpiando las superficies y lavando los platos, ¿verdad? No es así, sólo ha sido reactivo, y ha llevado a cabo el mantenimiento necesario y las cosas han vuelto a ser como eran cuando se despertó por primera vez. No hay progreso, sólo mantenimiento reactivo.

Así que te diriges al pasillo listo para desempolvar, y a la salida rompes un jarrón, así que sale la aspiradora, y aspiras todos los pedazos y sacas los pedazos rotos afuera, y haces que todo sea bonito y limpio de nuevo. Después de guardar tus cosas, te das cuenta de que te cortaste la pierna en una planta afilada afuera. No importa, suba, limpie y coloque un yeso sobre él, y luego vuelva a bajar. ¿Qué ha logrado hasta ahora? Nada en absoluto. Esto también es mantenimiento reactivo, porque no hay progreso, literalmente sólo se trata de mantenimiento. Es importante distinguir entre proactivo y reactivo, porque muy a menudo se puede volver a casa después de un duro día de trabajo y se puede estar tan cansado y sentir que se ha hecho mucho y que se ha avanzado, cuando en realidad todo lo que se hizo fue sacar un poco de mantenimiento.

Es lo mismo con los negocios. Si usted se sienta en su computadora y hace su mantenimiento, contesta algunos correos, cambia el color de su sitio, habla con algunas personas sobre lo que ha estado sucediendo, echa un vistazo a algunos productos, no hay nada aquí que lo haga avanzar. Cree esos productos, desarrolle esos productos, mejore esas ideas, escriba esas cartas de ventas, póngase en contacto con esos JV's, gane conocimiento y comprensión y se cansará de hacerlo y le garantizo que avanzará a un ritmo tan rápido que nadie sabrá cómo lo está haciendo. Aunque están cansados y dicen cosas como "Vaya, estoy muy cansado y todavía no he hecho mucho", ahora ya sabes por qué y cómo evitarlo. Por supuesto, el mantenimiento es una gran parte de la vida diaria y necesita ser hecho, pero aprenda a diferenciar entre los dos, aprenda a reconocerlos y a reconocerlos y verá inmediatamente una diferencia en su velocidad y eficiencia.

Inténtalo, y no te decepcionarás.

Esto me lleva al tipo final de persona que no tiene éxito. El encargado del mantenimiento. El embellecimiento del sitio web doce veces al año, la adición de paquetes y paquetes de cosas a un sitio de membrecía y su mercado actual en lugar de crear nuevos productos y entrar en nuevos mercados y crear múltiples fuentes de ingresos especializados. Piensa en lo siguiente es hora de que vayas a rediseñar algo. ¿Está rediseñando porque su seguimiento le dice que su rediseño hará más ventas, atraerá más clientes potenciales o más recursos? O lo estás haciendo porque no se ve tan bien como te gustaría. No te quedes atascado en el círculo de mejorar sin seguir adelante, porque puede que te encuentres en el mismo lugar dentro de unos años, sólo con un sitio web un poco más bonito. No es proactivo, ni productivo ni rentable en absoluto. Conozco a mucha gente que ha caído en esta trampa, y de hecho algunas personas todavía están en esa trampa y no parece que vayan a salir de ella muy pronto. Evítalo a toda costa y lo harás bien, seguir adelante, avanzarás rápidamente, y ganarás conocimientos valiosos y experiencia de primera mano a lo largo del camino, algo que nadie puede ponerle precio porque es simplemente tan valioso.

Estos aspectos son más importantes de lo que la mayoría descubrirá por sí mismos, y si recuerdas que volviste a la sección de las diez mejores razones para el éxito, lo anterior fue puesto ahí también, simplemente porque no puedo evitar empujar esto y empujar esto porque realmente es la diferencia entre llegar a alguna parte y no llegar a ninguna parte en absoluto. No hay término medio. Esta debe ser su prioridad principal, más importante que la creación del producto, más importante que hacer cualquier venta, más importante que la construcción de recursos o cualquier método de marketing que alguien pueda enseñarle.

A continuación, veamos tu estado de ánimo. Honestamente creo a través de mi experiencia personal que estar en el estado de ánimo correcto para hacer que su negocio avance rápidamente es otra vez, más importante que cualquier táctica de marketing que usted pueda aprender.

La mejor manera, sin duda, es terminar el día con 15 minutos de reflexión tranquila. Es como llevar un diario, y te ayuda no sólo a prepararte para el día que viene, sino también a resolver cualquier problema con el que hayas tropezado sin necesidad de estresarte por ello. Además, le dará una idea clara de adónde ir después. Practica esto a menudo y en pocos días, empezarás a ver algunos resultados positivos y bastante extraños.

Siempre mire hacia adelante, y tómese ese tiempo para mirar hacia adentro desde esa ventana (Es decir, mirarse a sí mismo desde fuera de una ventana para obtener una mejor perspectiva de lo que está sucediendo en su negocio) Es realmente importante para su desarrollo y el desarrollo de su negocio.

Si aún no lo ha experimentado, se trata de evaluar su situación y su negocio con una mente abierta. Como soñar, dormir, ayuda a la organización de tus pensamientos. Comenzarás a ver problemas y a presentarles soluciones antes de que ocurran. La retrospectiva es algo muy poderoso, y tomarse este importante tiempo a diario le permite prepararse para situaciones futuras que puedan surgir, lo cual es parcialmente retrospectivo, pero más claro como el cristal, enfocado y puro, en el mejor de los casos. No he conocido a nadie que no sea capaz de esto todavía, así que si no estás seguro, inténtalo y mira lo que empieza a pasar en seis o siete sesiones, y te aseguro que no te decepcionarás.

Tan importante como lo anterior es la forma en que terminas tu día cuando estás trabajando. Recuerda desconectarte, y no sólo de Internet, sino totalmente. Este método de llevar a cabo la relajación y la reflexión, mirando desde afuera hacia adentro y luego después de terminar, ya sea diez minutos, o treinta minutos más tarde, apagas tu computadora por la noche. Abandonas tu lugar de trabajo, lo apagas y te olvidas de todo. Mantenerse alejado del trabajo no es algo fácil de hacer, especialmente si tienes el ordenador en tu habitación. Incluso trabajar en casa y pasar por delante diez veces al día es suficiente para provocar pensamientos, lo que le quitará la mente de su vida diaria y de algunas de sus tareas diarias importantes, y a veces incluso interrumpirá el sueño. Esto es definitivamente algo que queremos evitar.

Permítame preguntarle esto, ¿alguna vez ha sido llamado por su esposo o esposa, o por algún miembro de su familia para algo? Cualquier cosa, tampoco, ¡la cena está lista! O bien, estoy listo para salir ahora, ¿nos vamos? O aún más probable, me voy a la cama ahora, ¿tú también vienes? Y tu respuesta es algo así. ¡Aguanta! Estaré allí en un momento, sólo necesito hacer esto primero".

Otro ejemplo de este tipo de mentalidad que va a toda máquina es junto con los ejemplos anteriores, tienes que seguir saliendo de la cama por la noche, o seguir saliendo por la puerta lista para salir, arrancar el coche y volver al ordenador porque te olvidaste de hacer algo, o tienes que hacer algo antes de irte. Clásico.

Por eso es importante hacer ambos ejercicios. Obsérvese a sí mismo y a su negocio, relájese, mire de afuera hacia adentro, y cuando termine, córtelo. Desconecte, apague su computadora sabiendo que no ha olvidado nada, que no necesita preocuparse por nada y que no necesita despertarse en medio de la noche y pasar horas haciendo algo que planeó hacer en pocos minutos. Confía en mí en esto, no te estoy dando instrucciones sobre cómo llevar tu vida, ni mucho menos, pero ten cuidado de no involucrarte demasiado todo el tiempo o la libertad y el fácil progreso que has hecho hasta ahora podría evaporarse. Hay velocidad, eficiencia y determinación, pero luego hay otro nivel de eficiencia y determinación en la velocidad. El hecho de que usted no esté trabajando en su negocio por más tiempo del que su cuerpo o su mente pueden manejar cómodamente no significa que esté holgazaneando.

Lo siguiente es algo de lo que he sido un fanático ya que sin darme cuenta, me las arreglé para desarrollar dolores de espalda, de muñeca y de muñeca al azar, y miopía en mi ojo izquierdo y ganar unos cuatro kilos de peso (que ya no existen).

Manténgase saludable. Sobre todo, por encima de todo lo que se enseña en esta guía, manténgase saludable. Tome nota de la sección para mantenerse saludable del curso. Consigue una buena silla, cuida tu espalda. Obtenga algunos de esos soportes para muñecas de un tamaño mayor del que necesita, escriba correctamente, cuide sus muñecas y cuide sus ojos y su vientre. Tome descansos regulares y haga ejercicio regular, incluso si esto significa que sale a comprar pesas y corre un poco todos los días.

Una vez más, no estoy tratando de decirte cómo vivir tu vida de ninguna manera, pero es importante para mí que si vas a tener éxito en el futuro, vengas a mí y me digas:'Tu informe me impulsó a la acción y ahora estoy haciendo cada mes lo que gané en mi último trabajo cada año' y no

Su informe me impulsó a la acción y ahora estoy haciendo cada mes lo que gané en mi último trabajo cada año, pero aumenté cien libras, desarrollé el síndrome del túnel carpiano, me duele la espalda y ya no puedo ver mucho". De ninguna manera, no en mi turno. La salud siempre es lo primero. No es bueno tener éxito si estás demasiado enfermo para disfrutarlo.

Prepárese

Ya hemos hablado de cómo las cosas no siempre van según lo previsto, cuando se lanzan nuevos sitios, cuando se crean campañas publicitarias, cuando se contacta con la gente, cuando se crean joint ventures, sea lo que sea, es posible que se conviertan en algo irrelevante. Afortunadamente esto es raro, pero prepárate, porque si esto sucede necesitarás paciencia, determinación y una mente clara y aguda para resolver los problemas rápidamente.

Si te encuentras despierto a las 5 de la mañana preguntándote por qué no te fuiste a la cama cuando lo decidiste (hace cinco horas), no te preocupes, no estás solo. De hecho, mientras escribo este informe son las 6:20 de la mañana, casi 24 horas después de haber empezado a escribirlo, y sigo aquí porque los textos anteriores no cumplieron con el estándar que había planeado, y con la fecha de lanzamiento acercándose, es necesario hacerlo. No hagas esto intencionalmente, mente, y no lo conviertas en un hábito, porque es muy dañino para muchas cosas, incluyendo tu salud, pero cuando las cosas no funcionen según lo planeado, prepárate para tener que poner más de lo que originalmente planeaste.

Además, si te encuentras despierto en momentos ridículos y te encuentras cometiendo muchos errores y ha sido un día muy largo, desconecta, apaga y aléjate y continúa mañana. Sólo hay una necesidad de hacer esto en la rara ocasión de que algo salga mal con el lanzamiento de un sitio. Todo lo demás puede esperar.

Ideas eternas para su negocio

Mantenga su imaginación y mente trabajando en todo momento. Una vez que lance su primer producto, si aún no lo ha hecho, inmediatamente comenzará a ver que las ideas comienzan a llegar automáticamente. A menos que te mezcles con tu mercado, es muy difícil encontrar ideas para resolver problemas cuando no sabes cuál es el problema en primer lugar.

Mézclese con su mercado. Esto es algo que todos tenemos que hacer al menos una vez a la semana, observando a otras personas, viendo sus productos y sus métodos de marketing, viendo como sus correos llegan a usted, y viendo sus técnicas, su copia, sus productos y así sucesivamente.

Esto no es por ninguna razón relacionada con la copia, ya hemos hablado de la emulación y de cómo llevarla a cabo correctamente, tomando los métodos de otra persona y conectándolos a sus productos sin copiar ningún aspecto de ellos en absoluto. La razón de esto es únicamente para mantener su mente despierta y para mantenerla produciendo idea tras idea tras idea tras idea.

He aquí un ejemplo de cómo funciona esto. En la última semana, mientras me interesaba activamente por otros profesionales del marketing y por lo que están haciendo, escuchando sus listas como herramienta de investigación, como ya hemos comentado anteriormente, he encontrado no menos de quince ideas viables para productos y he duplicado ese número para métodos de presentación. Algunos salvajes y otros locos, pero son ideas iguales.

Esta es la razón por la que es más fácil sacar ideas una vez que haya lanzado su propio producto y haya comenzado a observar a otros vendedores y preguntarles por qué están haciendo lo que están haciendo. Usted se está mezclando con nuevos métodos de marketing, creando una base para su seguimiento y nuevas ideas, y está experimentando el mercado de primera mano, lo que le permite enfrentarse, descubrir y, en última instancia, resolver problemas con sus productos a través de esta investigación, su experiencia, los guiones y servicios que utiliza para promocionar sus productos, y las guías que lee. Todos ellos son importantes para usted de esta manera porque formarán la base de sus ideas. Si no estás mezclando con tu mercado no conocerás ninguno de los problemas, y no podrás resolverlos, y por lo tanto no tendrás ninguna idea de producto.

Como nota adicional a esto, esas quince ideas que se me ocurrieron es una ocurrencia semanal porque he estado haciendo esto desde 1999. No se preocupe si no alcanza esa cifra, no se esfuerce por alcanzarla. Sólo una de sus ideas puede resultar ser más rentable que todas mis quince juntas. Para cuando haya lanzado dos o tres productos, usando los métodos En esta guía probablemente encontrará que no tiene suficiente tiempo en el mundo para dar vida a todas sus ideas; tendrá demasiadas de ellas. Así que ahí lo tenemos. Mézclese con su mercado. Mantendrá su creatividad fluyendo, formará la base de nuevos conocimientos y experiencias y se convertirá en uno de los aspectos más importantes de sus procesos de marketing online y creación de ideas.

Progreso Gradual

De acuerdo, continuando de nuevo, debo hacerte saber que las cosas son graduales. No hay una mentalidad millonaria de la noche a la mañana. No estoy diciendo por un momento que es lento, usted puede encontrarse con una lista de más de diez mil de un solo producto, incluso al principio, un buen grupo de contactos y un montón de afiliados.

Mientras avanza, le puede ayudar a tener esto en cuenta. Mantenga su negocio como un negocio real'. Siga creando productos reales y vendiendo calidad absoluta a gente real y seguirá adelante. No se deje envolver por la locura y los sueños de millones en días. Tengan sueños seguros, pero no quiero que nadie se despierte una mañana y se encuentre mal guiado por un vaquero, o el enfoque quitado de su negocio por algún tipo de esquema de ganancias que les ofrece algo a cambio de nada, o demasiado rápido. Ya conoces las afirmaciones, las que son demasiado buenas para ser verdad. No hay duda de que usted ha escuchado esto antes, si parece demasiado bueno para ser verdad, probablemente lo es. No pierdas esa verdadera mentalidad de negocios y recuerda lo que somos en este juego. Esto le permitirá protegerse a sí mismo, a su bolsillo, lograr la concentración y seguir avanzando hacia sus metas y las de su negocio sin distracciones y con el mínimo de errores en el camino. Si puedes asegurarte de que estás avanzando y puedes ver el progreso cada vez que sales de tu estación de trabajo, estás bien encaminado y has ganado la mitad de la batalla.

Sigue construyendo esos recursos- La clave del éxito rápido

A continuación, sigue construyendo esos recursos, cada vez que puedas. Cada JV
Cada anuncio que usted envía, cada persona que usted contacta, cada persona que lo contacta, cada persona que se suscribe a su lista, o lo que sea. Empiece a pensar en términos de recursos en lugar de ventas porque éstas son la clave de su éxito, los recursos no las ventas. Por supuesto que los recursos están ahí para hacer que las ventas, pero sin ellos hay poco beneficio en el marketing online no importa lo bueno que pueda ser en la promoción.

Esto me lleva de nuevo al punto anterior sobre el crecimiento gradual. Es importante que no subestimes lo que tienes a tu disposición. Sólo un pequeño número de los recursos de calidad de los que ya hemos hablado pueden ser extremadamente rentables. Una sola empresa en participación puede abarcar varios productos y varios años, por ejemplo. Sólo una sola empresa conjunta. Un solo afiliado puede atraer miles de recursos, sólo cinco mil suscriptores de calidad pueden ser responsables de miles por mes, y eso es incluso antes de que consideremos las empresas conjuntas y los afiliados. Así que como ves, sólo porque tienes que construir recursos, y te sigo diciendo que no será instantáneo, no me sorprendería que la mayoría de la gente pensara en un año o dos para llegar a donde quiere estar. Por supuesto, es gradual, el negocio en general, así como con la construcción de su recurso, pero dependiendo de los acuerdos que realice y la rapidez y eficacia con la que puede hacer el progreso utilizando sus conocimientos, no es el trabajo de varios años que puede estar sintiendo un poco de ansiedad al respecto.

Una nota adicional a eso, siempre mantenga sus recursos construyéndose unos a otros. Tomar cada recurso, separarlos en categorías, y usar cada uno para construir otro a menudo le permite obtener muchas veces el beneficio de un solo conjunto de recursos que antes podía haber mantenido separados y que sólo se benefició una vez de ellos.

También recuerde lo que esto hace en términos de usted vs. Cualquier otro vendedor en línea por ahí. Mientras ellos están ahí fuera pagando por anuncios una y otra vez y diciendo cosas como 'Este juego de marketing online es una estafa que nunca podré obtener ningún beneficio' o algo así durante muchos años. Esto es simplemente porque siguen gastando su dinero en cosas una y otra vez y no sacan nada de ello sino unas pocas ventas. Usando los métodos que has aprendido aquí, construye y multiplica, y deja que las cosas se multipliquen, y antes de que te des cuenta, no te verás acorralado para gastar dinero en tu promoción como el resto de los que no entienden esta técnica de construcción de recursos y multiplicación.

Los errores son buenos

A continuación, mi favorita. Comete muchos errores. Nos gustan los errores, porque nos enseñan algo cada vez que los cometemos. Si no estás cometiendo ningún error, es hora de que veas la forma en que estás trabajando. ¿Se está aferrando a las cosas que mejor conoce y evitando abrir nuevos caminos porque está preocupado por cometer errores?

Este curso está aquí para minimizar los errores cometidos al usar estos métodos, pero eso no significa que no los cometerá en absoluto. Todo esto la información está en nuestras cabezas, pero aún así cometemos errores. Cada vez que hacemos una y encontramos la solución, es otra herramienta, otro aliado que podemos añadir a nuestro arsenal que antes no teníamos. Comete errores, mete la pata de vez en cuando y aprende algo nuevo, pero sé pionero, sé pionero, sé imaginativo y ten confianza.

Además del punto anterior. ¿Has cometido un error? Excelente, aprende de él, pero no dejes que te impida probar algo nuevo o volver por ese camino una vez que hayas adquirido más conocimientos y experiencia.

No puedo porque..

Finalmente, pero tan importante como todo lo que hemos discutido hasta ahora, ¿alguna vez has hablado con alguien que realmente quiera hacer algo, ya sea establecer un negocio, o viajar a algún lugar, o hacer algo que no necesariamente hacen todos los días y cuando les has preguntado por qué no lo hacen, te dicen ``Me gustaría, pero...''? A menudo eso, pero va seguido de algo como 'No sé cómo' o 'Probablemente lo estropearé' o 'No sé si funcionará'. Estos son los mejores ejemplos de cómo condenar un proyecto o un intento de fracaso de un proyecto antes de que se haya intentado y evitar que todo avance sea importante.

Si puedes decir con certeza que algo no funcionará a través de la investigación y el rastreo, está bien, es sentido común y deducción lógica usando hechos, pero no asustes a los traficantes ni te condiciones a estar preocupado por morder la bala e ir a por ello. Después de todo, ¿qué hay para detenerte a un lado de preocupaciones por algo que no funciona? En realidad, esto no es algo que te detiene, porque eres tú quien controla tu propia mente. Depende totalmente de ti.

Dé el paso. Nunca digas que no puedo. La mayoría de las veces, cuando la gente dice que no puede, puede hacerlo, pero tiene que enfrentarse a un miedo o renunciar a algo para conseguir lo que quiere. Ve a por ello. ¿Qué es lo que le impide lanzar sus propios productos utilizando las técnicas aquí? ¿Existe alguna razón real que impida avanzar en este punto?

Todo lo mejor para su negocio!

Resumen

• En primer lugar, la idea de este informe, sus objetivos, sus resúmenes y reseñas fue para que usted pueda seguir adelante con su negocio.

• Lo que antes le impedía alcanzar el éxito ahora debe ser eliminado y a través de los métodos que le han enseñado, inmediatamente podrá ver si está avanzando o no avanzando en su negocio.

• Manténgase en movimiento a un ritmo. No te quedes atascado, cuídate mucho. ¿Está siendo proactivo o reactivo? ¿Has progresado en las últimas 48 horas? Si estás mirando las mismas cosas que tenías hace dos días, es hora de empezar a hacer preguntas.

• Recuerda de lo que hablamos cuando hablamos sobre las razones del éxito, estas son las cosas más importantes a tener en cuenta, incluso sobre la creación de productos, técnicas reales de marketing o cualquier cosa por el estilo.

• Hay que estar en el estado de ánimo adecuado para tener éxito, esas técnicas de relajación, tiempo tranquilo para evaluar la situación, mirando de afuera hacia adentro. Continúe haciéndolos y comenzará a ver una tasa extrema de desarrollo en su negocio.

• Una vez que haya terminado de trabajar durante la noche, realice los ejercicios, luego desconéctese y váyase. Además, en cuanto a la salud, mantenerse despierto por la noche preocupándose por su negocio no le hará ningún favor productivo.

• Manténgase saludable. No quiero que nadie que lea esto se vuelva loco, desarrolle un montón de productos y se haga rico si va a destruir su salud haciéndolo. No es bueno estar enfermo y tener éxito.

• Prepárese. A veces se necesita una determinación obstinada cuando las horas se alargan, y las cosas no siempre salen como las planeó.

• Mantenga su imaginación y su mente trabajando en todo momento. Una vez que lance su primer producto, si aún no lo ha hecho, inmediatamente comenzará a ver que las ideas comienzan a llegar automáticamente. A menos que te mezcles con tu mercado, es muy difícil encontrar ideas para resolver problemas cuando no sabes cuál es el problema en primer lugar.

• Las cosas son graduales. No espere despertar rico una mañana, todos sabemos que no funciona así en los negocios reales, de nuevo, siga adelante, y si puede ver el desarrollo y el movimiento hacia adelante cada semana, ha ganado la mitad de la batalla.

• Sigue construyendo esos recursos. Cada vez que tienes la oportunidad, ésta es la clave de tu éxito. Construir los cinco al mismo tiempo es fácil cuando empiece a lanzar sus propios productos. Manejando incluso un pequeño número de afiliados, clientes, JV's, clientes a largo plazo y listas tienen un inmenso poder en muchas situaciones.

• Mantengan sus recursos construyéndose unos a otros. Es importante que todos ellos estén construidos juntos y administrados correctamente en todo momento. Tenga esto en cuenta y tendrá un número casi ilimitado de recursos y pocos problemas para hacer una bola de nieve a un ritmo cada vez más rápido a medida que vaya lanzando más productos.

- Comete muchos errores. Este curso está aquí para minimizar esto, pero al igual que ir a la escuela o aprender alguna nueva habilidad, sin practicarla literalmente, es difícil ser bueno. Cometer errores es bueno. Cada uno de los consejos de 'haz esto' y'no hagas eso' en este curso ha sido sacado de los errores y de los éxitos.

- ¿Cometió un error? Genial, aprende de ello, y sigue adelante. No dejes que eso te detenga o te asuste para que nunca intentes nada nuevo o lo intentes de nuevo cuando tengas más experiencia. Del mismo modo, no dejes que nadie te asuste. El Internet está lleno de todo tipo de gente, algunos inevitablemente se tomarán un día frustrante en usted a través del negocio.

- Dé un paso al frente. Nunca digas que no puedo. La mayoría de las veces, cuando la gente dice que no puede, puede hacerlo, pero tiene que enfrentarse a un miedo o renunciar a algo para conseguir lo que quiere. Ve a por ello. ¿Qué es lo que le impide lanzar sus propios productos utilizando las técnicas aquí? ¿Existe alguna razón real que impida avanzar en este punto?

Ahora es tu turno.

www.ingramcontent.com/pod-product-compliance
Lightning Source LLC
Chambersburg PA
CBHW071126050326
40690CB00008B/1358